W0192549

DAS GROSSE DEUTSCHE blabla

Das große deutsche Blabla.

Inhalt

Einführende Ausführungen

Von allen Tieren ist der Kuckuck das klügste.
Er ist der einzige Vogel, der seinen Namen
aussprechen kann.
Johann Georg Galletti

Die deutsche Sprache ist voller Rätsel und Unwäg-
barkeiten. Der treibende Teil einer Maschine, eines Flug-
zeugs etwa, heißt nicht Treibwerk, sondern Triebwerk. Das
Gewächshaus des Gärtners dagegen, in dem die Triebe sich
entfalten, heißt nicht Triebhaus, sondern Treibhaus.
Die Null geht als Zahlwort durch. Faulenzen gilt als Tätig-
keitswort, Schlappschwanz sogar als Kraftwort. Schwan-
ger aber, obwohl es sich geradezu aufdrängt, ist als
Umstandswort immer noch nicht zugelassen.
Uneinprägbar für den Rest der Welt sind deutsche Zun-
genbrecher:
    Als die Paten um den Putenbraten baten,
    konnten wir den Paten Putenbraten bieten,
    weil wir grade, als die Paten baten,
    Putenbraten brieten.
Unentwirrbar fest geknüpft sind die Bande der deutschen
Sprache:
    das Band – die Bänder
    der Band – die Bände
    die Bande – die Banden
    die Bänd – die Bänds ...
Wer möchte da Ausländer sein!
Vor die Aufgabe gestellt, das Wort Angstschweiß perfekt
auszusprechen, bricht dem Nichtmuttersprachler sofort der

Angstschweiß aus, ebenso bei Impfzwang, Sumpfpflanze oder Lokomotivführerüberwachungssignal, beim Parkraumbewirtschaftungskonzept, bei der Dorferneuerungsbedürftigkeitsuntersuchung, beim Registerverfahrensbeschleunigungsgesetz, beim Investitionserleichterungs- und -hemmnisbeseitigungsgesetz und bei der Verwaltungsverordnung über die Zusage einer Umzugkostenvergütung nach dem Landesumzugskostengesetz bei Abordnung von unverheirateten Beamten ohne Hausstand.

Das Deutsche, liebe Deutsche, ist die deutscheste Sprache Deutschlands, wenn nicht der Welt.

„Do you want *bumsing*?" Mit diesem Willkommensgruß empfängt das junge Thailand vieltausendstimmig den zahlungskräftigen, multipotenten deutschen Sexualtouristen, der sich von Herzen über den Wortlaut dieser Begrüßung freut, weil nach den Substantiven *rucksack, blitzkrieg, berufsverbot, kindergarten, kinderporno, zeitgeist, achtung!, weltanschauung, weltwetterlage, weltschmerz, schadenfreude, lichterkette, historikerstreit, ostpolitik, waldsterben* und *the german reinheitsgebot* endlich auch mal ein ausdrucksstarkes deutsches Verb die restlichen Weltsprachen penetriert.

Viele Sprachen kennt die Welt, doch welche könnte genauer als die deutsche sagen, was sie meint! Nehmen wir das schlichte Wort *Wasser*. Der Franzose sagt *l'eau*. Kein Mensch versteht ihn. Der Italiener sagt *l'acqua*. Auch er bleibt weitgehend unverstanden. Der Engländer sagt *the water*, und so langsam kommen wir der Sache näher. *Water!* Gar nicht mal schlecht. Der Deutsche aber ist weltweit der einzige, der klar und deutlich *Wasser* sagt.

Wasser – dies und nur dies ist die Vokabel, die die Sache, für die sie steht, angemessen bezeichnet, klaro.

Die in Frieden und Freiheit
wiederverzweinigte Muttersprache

Ostkrisenwitz
Ossi, wo warste in Urlaub?
Keene Ahnung, erst ma die Fülme entwickeln.

Die geteilte chinesische Sprache hat sich, wie Fachleute behaupten, in mehr als vierzig Jahren Trennung weit auseinander gelebt. Gebraucht ein Festland-Chinese das Verbum *kan*, redet er vom Arbeiten; der Taiwan-Chinese aber meint, wenn er *kan* sagt, was ich, um den guten Sitten zu genügen, dezent als *Geschlechtsverkehr* bezeichnen möchte.

Soweit haben wir es hierzulande in vierzig Jahren gar nicht erst kommen lassen.

Zwar hält die deutsche Hausfrau die geringfügigen Summen, die sie ausgibt für Zahnpasta und Briefmarken, in rührender Ahnungslosigkeit für *nützliche Aufwendungen*, obwohl doch das deutsche Steuerrecht darunter ausschließlich das versteht, was ich mal dezent als *Schmiergelder* umschreiben möchte. Eine *Seilschaft* ist für den biederen Alpinisten etwas ganz anderes als für die Korruptionäre in Wirtschaft und Politik. Was der Penner, der kostenlos die S-Bahn benutzt, unaufgeregt als *Schwarzfahren* bezeichnet, nennt der Berliner Senat unversöhnlich *Fahrgeldhinterziehung* oder *Beförderungserschleichung*.

Von zwei deutschen Sprachen kann dennoch auch nicht ansatzweise die Rede sein.

Immerhin hieß der Führerschein im Osten, vielleicht aus

antifaschistischen Gründen, *Fahrerlaubnis*, der Fahrzeug-schein hieß jahrzehntelang *Zulassung*, der Kontaktbe-reichsbeamte (KOB) hieß *Abschnittsbevollmächtigter (ABV)*, der Supermarkt *Kaufhalle*, die Gegend *Territorium*, Plastik *Plaste*, das Team *Kollektiv*; der Job hieß *Arbeits-stelle*, das Arbeitszeugnis *Beurteilung*, der Personalchef (personal resources manager) *Kaderleiter*, der Werbechef (public relations manager) *Sekretär für Agitation und Pro-paganda*, der Senator *Stadtrat*, der Senior *Rentner* oder *Bürger im höheren Lebensalter*, der Sozialhilfeempfänger *Werktätiger*, der Azubi *Lehrling*, die Kita *Kinderkombina-tion*, der Workaholic *Held der Arbeit*. POS, der point of sale*, nannte sich einst *Polytechnische Oberschule*, lean production hieß in der Sprache der DDR-Kommandowirt-schaftler *Fjodor-Stschipatschowski-Methode*, outsourcing war bekannt als *Prof. Dr. Wjatscheslaw-Worobljow-Metho-de*, und total productive maintenance (TPM) kannten die *Werktätigen* unter dem Namen *Nikolai-Nikolajewitsch-Pri-walenko-Methode*.

*

Die deutsche Sprache der DDR war berühmt für ihren Kampfgeist. Jeder Arbeitsplatz ein *Kampfplatz für den Frieden*! Jedes Programm ein *Kampfprogramm*: „Daß das Kampfprogramm nicht nur beschriebenes Papier bleibt, davon sind wir fest überzeugt, denn dafür sorgen 17 Hirne, die für den Sozialismus denken, 17 Herzen, die für den Sozialismus schlagen und 35 Hände, die für den Sozialis-mus zupacken."
Betriebszeitung PNEUMANT-PROFIL, Fürstenwalde

---

*) *wirtschaftssprachl.* Ein- oder Verkaufsort

Die Kampfwalze

Wir kämpfen in der Leitung
Und auch am Aggregat.
Wir kämpfen in der Zeitung,
In jedem Referat.

Wir kämpfen höchst verwegen
Den Kampf in Pflicht und Kür;
Wir wissen nicht, wogegen,
Wir wissen nicht, wofür.

Wir sind nicht mehr zu dämpfen,
Wir werden nimmer ruh'n;
Was wir auch tun, wir kämpfen,
Auch, wenn wir gar nichts tun.

Noch schneller, noch höher, noch weiter! So lautete der kategorische Sabberlativ des oral existierenden Sozialismus. 1990 erkoren deutsche Ornithologen den Wendehals zum Vogel des Jahres, woraufhin der *Broiler**, der ruhmreiche

---

*) „Der Broiler hat weder etwas mit braun noch mit gebräunt zu tun, obwohl er im gegrillten Zustand solche Assoziationen durchaus vermittelt. Auch einen Vergleich mit dem altbekannten Backhähnchen muß sich der Broiler energisch verbitten. Denn bei ihm handelt es sich um die Züchtung von Spezialhybriden, die sehr fleischwüchsig sind. Während der Mastzeit erhalten die Broiler ein nach wissenschaftlichen Gesichtspunkten zusammengestelltes Futter, das neben großen Vitamingaben viele wertvolle Nährstoffe enthält. Diese Futterrezepte sind die Voraussetzung dafür, daß Broilerfleisch so schmackhaft und gesund ist." *Aus: GOLDBROILER & EI, 60 Rezepte für den Feinschmecker, Hrsg. VE Kombinat Industrielle Mast (KIM) beim Staatlichen Komitee für Erfassung und Aufkauf landwirtschaftlicher Produkte, Berlin 1968*

Wappenvogel der HO-Gastronomie, sich hurtig zum Hähnchen, der Goldbroiler zum Goldhähnchen wendete. Die *Grilletta* ist tot – es lebe der *Hämbörger*!
Der Börger ist King! Auf Nimmerwiedersehn in der Versenkung verschwunden sind ewiggestrige lexikalische Einheiten wie *Sättigungsbeilage, Erster Stellvertreter des Vorsitzenden, Winkelement, Sichtelement, Unklarheiten, zutiefst, niveauvoll, vollinhaltlich, durchstellen, Bedarfsunterdeckung, Staatsapparat, Naherholungsobjekt, Antifaschistischer Schutzwall (Antifaschuwa), Jahresendflügelfigur, Hauptschwerpunkt, Frauenruheraum, Getränkestützpunkt, Tschekist, Osterfüllartikel, Eheschließungsobjekt, Kinderkombin*ation, *Facharbeiter für warenbewegende Prozesse* (ehemals Lagerarbeiter), *Facharbeiter für Bedienprozesse an optisch-akustisch-mechanischen Apparaturen* (ehemals Filmvorführer) oder rustikal-intellektuelle Kreationen des DDR-Agrarministeriums wie *flexibler transportabler Schüttgutbehälter* (für den guten, alten deutschen Sack), *rauhfutterverwertende Großvieheinheit* (für das gute, alte deutsche Rindvieh) oder *duldungsorientierte besamte Jungsau* (für das kooperationswillige, juvenilparteiliche Zuchtschwein).
Nirgendwo entdeckt der Kenner heutzutage noch glanzvolle Sätze wie den folgenden, der die Pflichten des Fußgängers im sozialistischen Straßenverkehr genau definiert:
„Für alle Fußgänger gilt es davon auszugehen, daß die Fahrbahn vorrangig für den Fahrzeugverkehr vorhanden ist. Wenn von Seiten des Fußgängers diese überquert werden muß, dann hat in erster Linie er die dafür erforderlichen Maßnahmen durchzuführen."
(FREIHEIT, Organ der SED-Bezirksleitung Halle/Saale)

12

Oder: „Der Generalsekretär des ZK der SED gab seiner Überzeugung Ausdruck, daß die effektive Verwirklichung der Beschlüsse der Tagung des Komitees der Verteidigungsminister der Teilnehmerstaaten des Warschauer Vertrages zu einer Vertiefung und Erweiterung der politischen und militärischen Zusammenarbeit der brüderlich verbundenen sozialistischen Staaten, Völker und Armeen führen werde." *(JUNGE WELT, Organ des Zentralrats der FDJ)*

Die DDR war das Land mit der höchsten Planerfüllung in der ganzen Welt. Die Pläne wurden Monat für Monat immer optimaler erfüllt und übererfüllt, bis der mit heißer Luft maximal gefüllte Ballon in den Farben der DDR sang- & klanglos ex- & implodierte, ohne daß irgend jemand die brüderlich verbundenen Staaten, Völker und Armeen vorher gefragt hätte.

Verhängnisvoll wirkte sich für den Arbeiter-und-Bauernstaat vor allem die berühmte Kundenschlange aus. Hunderttausende Konsumisten, wird gemunkelt, beteiligten sich an den weltberühmten Montagsdemos nur, weil sie was in den falschen Hals gekriegt hatten. Nu gugge, sagten sie sich, eine sozialistische Wartegemeinschaft; egal, was es gibt, ich stell mich erst mal an!

Der staatliche Festgesang *Auferstanden aus Ruinen ...* hatte 1989 eine einzigartige Metamorphose hinter sich. Ursprünglich durften ihn die Staatsbürger noch singen, dann nur noch summen und schließlich aus Gründen der Staatsraison ausschließlich konzertant darbieten. In der Endphase beschrieb dieser hymnische Text den zügigen Verfall der Altbausubstanz: *Einverstanden mit Ruinen ...* Er kollabierte im III. Quartal '89 als Emigrations-Wortspiel: *Deutschland, Deutschland über Ungarn ...*

Rausch der Vereinigung! Waaahnnnsssinnn!Wir wenden dir zur Jungfer, Krenz! Schnitzler in die Muppet-Show! Entsesselt die Ärsche! Visafrei nach Hawaii! Stasi in die Produktion, und drei Wochen ohne Lohn! Demokratie – jetzt oder nie!

Wenige Tage nach der Maueröffnung hat in Aachen ein aus Görlitz angereister Görlitzer ein unvergeßliches Erfolgserlebnis.

„Wie denn, was denn", schwärmt ein Aachener, „aus Görlitz kommen Sie? Von der Oder-Neiße-Grenze? Tatsächlich? Na, dann – Hut ab! Für einen Görlitzer sprechen Sie aber ein wirklich erstklassiges Deutsch!"

Zu den kleinen Überraschungen gehört, daß sich selbst in den gewöhnlich gut informierten Kreisen der bundesrepublikanischen Infogesellschaft die eherne Gewißheit erhalten hat, in der russischen Zone hätten alle Menschen miteinander nur russisch gesprochen, außer den privilegierten Russen, versteht sich.

Ohne zu trödeln lernt der Ostler Westdeutsch im Schweinsgalopp, und, siehe da, es klappt gar nicht schlecht. Expreß drückt er sich die beliebtesten *Lifestyle*-Vokabeln rauf:

the briefing	– die Postzustellung
the patchwork	– die Fliegenklatsche
the drop-out	– der Geldautomat
the striptease-table	– der Ausziehtisch.

Parallel dazu machen sich dem Feingeist aber doch noch jahrelang sprachliche Altlasten störend bemerkbar. Ein beispielhaft eloquenter Stasi-Offizier arbeitet seine Vergangenheit auf, und zwar mit dem Wortschatz von einst: „Resultierend aus der Notwendigkeit der Gewährleistung eines Höchstmaßes an Sicherheit im Bereich der Kommu-

nikation und der Neigung des MfS zur personellen Durchdringung und Kontrolle aller entscheidenden Bereiche und Einrichtungen kann davon ausgegangen werden, daß …"
Den Besten kann es mit der sprachlichen Angleichung gar nicht schnell genug gehen, einem sprachsensiblen Geschäftsführer aus Dresden zum Beispiel:

```
Meßelektronik Dresden GmbH          Dresden, am 30. Jan. 1991
                                    L.-2/91 Dr. M.-P./Wi


L an Leiter der Zentral- und Geschäftsbereiche


Aus gegebenem Anlaß darf ich Sie noch einmal bitten, die fol-
genden Formulierungen nicht mehr zu verwenden:

     Kader
     Brigade
     Kollektiv
     Ökonomie
     Werktätiger
     Territorium
     und andere ähnliche spezifische Begriffe, die aus der
     Vergangenheit stammen.

Diese Begriffe sind für ein westliches Ohr stark vorbelastet
und führen zu negativen Assoziationen. Wir machen uns im Umgang
mit den westlichen Firmen das Leben unnötig schwer.

Mit kollegialem Gruß


Dr. Meyer-Piening
Geschäftsführer



Verteiler
C, M, J, A, VAD, EVF, SSK, ATE, MVF, EMT, KMD, HDL, ISI, CAD, IVZ
```

Speziell für den leidgeprüften Sachsen kommt es knüppeldick. Während der sanften Revolution noch haben ihm die sanften Revolutionäre in die Hand versprochen, nach dem Endsieg könne sich jeder Sachse einen Niedersachsen als Hausschwein halten, doch wenig später schon verpaßt Kurt

Biedenkopf, Aufbauhelfer aus Know-How-Country und sächsischer Premierminister, seinen demogestählten Sachsen knallhart eine Abmahnung. Während eines Pädagogenauflaufs in Dresden verrät er 20 000 Lehrern, wo beim Sachsen die Säge klemmt: „Die Sachsen können alles, nur kein Hochdeutsch."

Nach diesem hilfreichen Hinweis strömt die schweigende sächsische Mehrheit in Sechserreihen bereitwillig zu Lehrgängen der Volkshochschule, in denen sie sich masochistisch von niedersächsischen Phonetiklehrkräften ihre scheene sächs'sche Mudderschbraache Weiß-Grien austreiben läßt, 's Ke un's Ga, 's harde Be un's weische Pe ...

Ein Kollektiv aufrechter erzgebirgischer Lokal-Patrioten kontert am Stammmtisch verzweifelt mit der Losung „Der Wessi kann alles, außer Sächsisch!"

So ganz allmählich schwant dem Ostler, daß er so ganz nebenbei und ohne größeres Aufsehen zum kleinen Arschloch der deutschen Wiederverzweinigung befördert worden ist.

Seht, wie der endlose Zug von millionen und aber millionen Ostfriesen von Emden, Leer und Aurich her in Mecklenburg und Vorpommern begierig einmarschiert, um hier für ein paar Tage den Rausch intellektueller Überlegenheit zu genießen!

Frage: Warum ist der Mottenkugelverbrauch im Osten so furchtbar hoch?

Antwort: Na, warum wohl?! Weil der Ostler so furchtbar schlecht trifft.

Nicht hoch genug überschätzt werden kann die Spracharbeit der *Treuhandanstalt*, heute: *Bundesanstalt für vereinigungsbedingte Sonderaufgaben*:

Leipzigerin kassiert den Treuhand-Preis

Die Dolmetscherin Christine Ahlemann aus Leipzig hat mit „Rekonstruktion" ein positives Synonym für die oft als „Plattmacherei" empfundene Sanierung von ehemals volkseigenen Betrieben gefunden. 1000 Mark und sieben Rosen gab es gestern in Berlin für die Gewinnerin des „kleinen, privaten Wettbewerbs", den Treuhand-Pressesprecher Franz Wauschkuhn und der Direktor der Abteilung „Abwicklung", Ludwig Tränkner, ausgelobt hatten. Sie habe nach einem Wort gesucht, „das eine Wiedergeburt, eine Hoffnung symbolisiert", sagte Christine Ahlemann. Auch „Regeneration" habe sie in Betracht gezogen, letztlich schien ihr die „Rekonstruktion" aber besser auszudrücken, „daß man Betriebe so umstrukturiert, daß sie eine Zukunft haben". dpa

(BERLINER ZEITUNG vom 24.1.1992)

Die Erfolge lassen nicht lange auf sich warten. Die *Rekonstruktion* ostdeutscher Betriebe erlebt eine rauschhafte Blüte. Und in Colditz/Sachsen wird die Heinrich-Heine-Straße umbenannt in *Königin-Louise-Straße*, in Silstedt/Harz die Karl-Marx-Straße in *Holzweg*. Die Sättigungsbeilage weicht der *Vollwertkost*, der Broiler der *sautierten Hähnchenbrust mit Krebssauce nappiert*, der Zuckerwarenriegel TIPP-TOPP dem *HAPPY-HIPPO-Überraschungsei*. Die elastischen Befestigungsgurte für Herrenoberbekleidung, die bei der Nationalen Volksarmee schlicht Hosenträger hießen, heißen bei der Bundeswehr *Hosenheber*. Die Haftschale weicht der *Kontaktlinse*. Anstelle eines Präservativs (ostdeutsch auch: Präser) wird dem geschlechtsreifen Teil der männlichen Ostbevölkerung nunmehr ein *Kondom* übergestülpt. Bald schon spricht der Ostler das neue Neoneudeutsch so geläufig, daß ihn nur sein unfreiwillig komischer Dialekt noch verrät.

Und im Westen? Nichts Neues. Außer den Postleitzahlen. Guter Rat des Informationsdienstes CONTEXT: „Gewöhnen Sie sich nur gleich daran, im Gespräch mit Ostdeutschen den westlichen Teil immer nur als ‚BRD‘ (Pä Är Tä) und den Ostteil stets als ‚DDR‘ (Tä Tä Är) zu bezeichnen. Dieses kleine verbale Opfer lohnt sich: Denn im Gegenzug für diese Höflichkeit bekommen Sie ein großes Geschenk: einen nagelneuen Markt. Nicht mehr und nicht weniger.“

> Vom Ernst des Lebens halb verschont /
> ist der schon, der in München wohnt!

Thrill-Spotting* a gogo, Bungee-Jumping in Buxtehude, Heli-Skiing in Tibet, Sky-Surfing über der Kalahari, Off-Road-Biking in den Rocky Mountains! Auch die gnädige Frau ist *fit for fun* und voll in Anspruch genommen von diversen sportiven Programmen, von Aerobics, Staps, Sli-

---

*) *Sehnsucht nach dem ultimativen Geschwindigkeits- oder Höhenrausch*

des, Callanetics, Wirbelsäulengymnastik, Darmspülung, elektrischem Facelifting, Reflexologie, Astrologie, Esoterik und Parapsychologie.

Die Gretchenfragen lauten: Paßt Chablis besser zu Austern oder zu Ostern? Wirkt Lanzarote im Winter nicht doch irgendwie ein Stück weit prolo? Ist das neue XXL-Tempo-Taschentuch, wie die Werbung nicht müde wird zu behaupten, tatsächlich noch nasenweicher und noch schneuzfester? Die Okay-Gesellschaft erzeugt in bewährter Weise weiterhin das wünschenswerte Wohlfühlklima, in dem der bürgernahe Frischedienst kernigfeine, sonnengereifte Kohlrabi mit Verwöhnaroma anbietet und fangfrische Bodenseetomaten sowie die schmuseweichen, ultrakessen Sexyslips zum Schnupperpreis.

Dem Altbundesbürger geht der Sprachwandel am Gesäß vorbei, und dies ist, auf gut deutsch gesagt, voll okay; immerhin ist er es, der das wahre Deutsch spricht, und zwar nach Artikel 23 Grundgesetz.

VERBARIUM 2000

Politischer Mindestwortschatz der Jahrtausendwende

abfedern rupfen, sachkundiges Entfernen des Federkleids bei Schlachtgeflügel; <u>B:</u> den → *Arbeitnehmer* sozial **a.**

Abflachung Senkung, Verminderung, <u>B:</u> Bundesrat billigt Gesetz über die **A.** der Erlösabführungsstaffel für Wohnungsunternehmen in den neuen Ländern.

Abfuhr polemische Sülzvokabel; <u>B:</u> dem politischen Gegner eine **A.** erteilen, → jemanden *zum Scheitern verurteilen, Schiffbruch erleiden*

abheben auf sich berufen, stützen auf; <u>B:</u> konsequent **auf** die aufgerundeten Eckdaten **a.**

abnicken vertikale Kopfbewegung, mit der Entscheidungsträger Lösungsvorschläge von Mitarbeitern → *absegnen*; <u>B:</u> Der Hauptausschuß muß das neue Parkraumbewirtschaftungskonzept nur noch **a.**

Abschiebung Rückkehr von → *Schüblingen* in ihre Heimat

abschmelzen → *zurückfahren;* <u>B:</u> die Löhne, die Personaldecke, die Sozialleistungen, die Auffüllbeträge **a.**

absegnen genehmigen → *abnicken*; <u>B:</u> Der Bundestag muß das Registerverfahrensbeschleunigungsgesetz nur noch **a.**

Abspecken, das 1. zielzentrierte → *Verschlankung* von Belegschaften, Kosten oder Tarifen, 2. österliche Halb-Mast deutscher Bundeskanzler

abwickeln sachkundiges Kaputtsanieren maroder Betriebe und desolater Institutionen in den fünf neuen Bundesländern

Air-Bag Luftsack

Akzeptanz Jokervokabel für alle Lebenslagen; <u>B:</u> Die Akzeptivität des Akzeptanten führte zur **A.** des Akzepisses.

Altenplage SeniorInnenüberschuß mit negativen Auswirkungen für den Standort Deutschland

an Weihnachten zu W. – Leitpräposition der neoneudeutschen Heißluftgrammatik, s. auch: **in** 1997**; unter** der Woche**; am** Markt**; hinter** Gedanke**; neben** Einkünfte**; für** Sorgeempfänger**; durch** Schnittsgeschwindigkeit**; zu** Pfinstrument**; bei** Namputiert

andenken keinen Bock haben, über ein Thema nachzudenken

andiskutieren keinen Bock haben, ein Thema zu erörtern

Angleichung vertrauenbildende Vokabel für Erhöhungen aller Art: Gebühren**a.**, Miet**a.**, Steuer**a.**, Diäten**a.**; → *Anpassung*

Anpassung vertrauenbildende Vokabel für Erhöhungen aller Art: Gebühren**a.**, Miet**a.**, Steuer**a.**, Diäten**a.**; → *Angleichung*

Arbeitgeber unverbesserlicher Altruist mit philantropischem Faible für die Schaffung von Arbeitsplätzen

Arbeitnehmer → *Humankapital* → *Arbeitsplatzbesitzer*

Arbeitnehmerüberlassung Verleih von Leiharbeitern für Leiharbeiten

Arbeitsplatzbesitzer → *Arbeitnehmer* → *Humankapital*

Arbeitsplätze Zauberwort der demokratischen Wirtschafts-ordnung: Die Schaffung von **Arbeitsplätzen** ist das A und O jeder unternehmerischen Tätigkeit.

Asylant potentieller → *Schübling*

auffangen jemanden sozial sicherstellen (der Sprache der Trapezkünstler vom Bundessozialministerium dankend entlehnt); <u>B:</u> jemanden in einer Auffanggesellschaft a.

Aufschwung Im Gegensatz zum Turnen, das außer dem A. auch den Abschwung kennt, heißt es in der Wirtschaft stets A., vor allem wenn es bergab geht. Volksmund: „Wo geht's denn hier zum A. Ost?" – „Da drüben – immer den Bach runter!"

ausdiskutieren, etwas ein Problem bis zur Erschöpfung der Diskussionsteilnehmer besprechen

ausdünnen vermindern, <u>B:</u> Personal a., → *auskämmen*

ausgehen, von etwas glauben, meinen, annehmen; <u>B:</u> Jede Kaltmamsell **g. davon a.**, daß sie, sobald der Ausgang bewilligt ist, auch tatsächlich ausgehen darf.

Ausgewogenheit Proporzseligkeit

auskämmen vermindern, <u>B:</u> Personal a. → *ausdünnen*

ausräumen beheben, beseitigen; <u>B:</u> Die Knick-Knack-Brothers **räumten** außer ihren Meinungsverschiedenheiten auch gleich noch einen Panzerschrank **aus.**

außen vor bleiben nicht beteiligt sein; <u>B:</u> Betonköpfe, die ihre Hausaufgaben nicht gemacht haben, **b.** beim Kompe-tenzgerangel a. v.

aussitzen Problemlösung ohne Ansehen des Problems

Azubis Auszubildende, Lehrlinge

-bar unverzichtbare Nachsilbe, an die sich jedes beliebige Verb problemlos anschmiegen läßt: Ostler sind undank**b.**, Vollkaskomentalität ist nicht länger hinnehm**b.**, Begriffe sind dehn**b.**, Fakten abruf**b.**, Tagesordnungspunkte abhak**b.**, Prämissen unabding**b.**, Projekte mach**b.**, Verbindlichkeiten tilg**b.**, Zusatzvereinbarungen verhandel**b.**, Jackpots knack**b.**, der VfB Bochum ist unabsteig**b.**

Baulöwe Bauunternehmer mit großer Fresse

-bedarf Bei -**b.** schütteln: Abstimmungs**b.**, Diskussions**b.**, Entscheidungs**b.**, Erklärungs**b.**, Gesprächs**b.**, Handlungs**b.**, Klärungs**b.**, Klarstellungs**b.**, Nachhol**b.**, Reform**b.**

bedeckt, sich b. halten verschwiegen sein; Maxime der schweigenden Mehrheit: Nichts gesagt / und nichts begonnen, / nichts gewagt, / ist halb gewonnen.

Bedenkenträger und Berufsnörgler (Copyright Dr. H. Kohl) zu Demomißbrauch und Druck der Straße neigende Minderheit

Beförderungserschleichung Schwarzfahren mit öffentlichen Verkehrsmitteln → *Fahrgeldhinterziehung*

Belohnungsannahme Bestechung (passiv)

berechtigte Sorge der Bevölkerung Ausländerhaß (politisch korrekt)

Bergesack flexibles textiles Leichenbehältnis der Bundeswehr

Beschäftigungskrise Arbeitslosigkeit

Betriebsoptimierung Personalminimierung/Profitmaximierung

Betroffenheit Wut & Trauer & Abscheu & Empörung

bewegen, etwas b. etwas bewerkstelligen, z. B. die Karre in den Dreck fahren

Bewohner ohne Mietvertrag Hausbesetzer

Boot bildhafte Bezeichnung für die von *Schüblingen* bis zum Sinken überladene Bundesrepublik Deutschland, die kein Einwanderungsland ist; B: Das *B.* ist voll!

bringen, etwas auf den → *Weg* **b.** etwas beginnen, machen, tun

bündeln die Kräfte **b.**, wenn möglich zum → *Bündnis*

Bündnis für Arbeit

Bündnis für Arbeit und Umwelt

Bündnis für Arbeit und Wachstum

Bündnis für Ausbildung

Bündnis für Bildung und Ausbildung

Bündnis für die Rettung von Demokratie und Sozialstaat

Bündnis für Familien

Bündnis für Forschung

Bündnis für Kinderbetreuung

Bündnis für Soziales

Bündnis für Sport

Bündnis für Standortsicherung und Beschäftigung

Bündnis für Wachstum und Beschäftigung

Bündnis für mehr Wachstum und Beschäftigung

Bündnis für noch mehr Wachstum und Beschäftigung

Bündnis für mehr Nettolohn

Bündnis für Wettbewerbsfähigkeit

Bündnis gegen Arbeitslosigkeit
Bündnis gegen Kosten
Bündnis gegen den sozialen Kahlschlag
Bündnis gegen Sozialabbau
Bürgernähe Idealdistanz für den Steuergriff des Staates, der mit der Gebührenmarke auf dem Taufschein einsetzt und erst nach dem Tode endet – mit der Mehrwertsteuer für die Bestattung
Buschzulage Erschwerniszulage für deutsche Aufbauhelfer, die beim Abbau in der ehemaligen O-Zone mitwirken (auch: Ekelzulage)

Chaoten von Sozialneid gepeinigte Unterprivilegierte
Champions League (Fußball) deutsch für: Meisterliga
Chemie, die 1. Wissenschaft von den Stoffen und den stofflichen Umwandlungen; 2. etwas, von dem keiner recht sagen kann, was es sein könnte, was im Gegensatz zur Physik aber möglichst stimmen sollte.
cool Begriff, der Wörter wie fetzig, poppig, urst, super, mega, geil, oberturboaffengeil einschließt; <u>kindlicher Dialog:</u> „Wat heißt'n cool, eh?" – „Na, geil, Mann!"
christlich-demokratisch edel, hilfreich und gut

Date Verabredung, Rendezvous

deckeln finanziell begrenzen

Demokratie System, das – nach G. B. Shaw – garantiert, daß wir nur so gut regiert werden, wie wir es verdienen

Denkanstoß Kopftreffer *(Boxsport)*, auch: Anregung

Denkpause Pause zum oder vom Denken

Denkverbote was es nicht geben darf, vor allem nicht in der Sozialpolitik! – <u>B:</u> Die → *Anpassung* der Renten muß ohne **D.** erörtert werden.

Deregulierung Abschaffung alter bürokratischer Hemmnisse mit dem Ziel, neue bürokratische Hemmnisse zu schaffen

Deponieverbringungsentgelt Müllgebühr

Die fünf Neuen Bundesländer Beitrittsgebiet

draufsatteln dem Partner in einem späten Stadium der Verhandlungen unerwartet Bedingungen stellen → *nachkarten*

draußen im Lande jenseits von Bonn

dröge langweilig, trocken, no fun

Dunkelziffer statisch erhellende Bezeichnung für das große Unbekannte

durchsickern lassen eine Info informell verbreiten; <u>B:</u> etwas medial wirksam **d. l.**

durchziehen etwas durchsetzen; <u>B:</u> Der Finanzminister wird seine Einnahmeverbesserungen zügig **d.**

Durststrecke Zeit der Erfolglosigkeit; <u>B:</u> Abstinenzler kennen keine **D.**

dynamisch anstellig; ehrenvolles Attribut, das nur jenen → *Arbeitsplatzbesitzern* zuteil wird, die sich für ihre Chefs und/oder Shareholders besonders weit den Arsch aufreißen

eh (einst süd-, heute gesamtdeutsch) sowieso

Ehevollzugshilfe *(beateuhsedeutsch)* Dildo

einbetten etwas in etwas einfügen, einarbeiten; <u>B:</u> den konjunkturellen Impuls ohne Wenn und Aber in das Jahrhundertwerk Steuerreform **e.**

einbinden jemanden / etwas einbeziehen in etwas; <u>B:</u> Die Abwasserthematik ist **e**ingebunden in die Dorferneuerungsbedürftigkeitsuntersuchung.

einbringen, sich oder etwas mitmachen, etwas beitragen; <u>B:</u> sich bei der **E**inbringung der Parlamentsvorlage voll **e.**

einfahren etwas in großem Stil abgreifen oder abzocken, z. B. Dividenden, Renditen, Gewinne

einfrieren → *Wachstumspause* bei Löhnen, Gehältern oder Tarifen veranlassen, → *Nullrunde*

Einigungsvertrag deutsch-deutsches Vertragswerk, das W. Schäuble – nach einer Definition von Habermas – in Gestalt von Prof. Dr. G. Krause 1990 mit sich selber abschloß

einklinken, sich sich in was rein- oder an was ranhängen (Trittbrettfahrervokabel)

einknicken sich nach anfänglichem medienwirksamem Widerstand politisch unterwerfen; <u>B:</u> Erwartungsgemäß knickte die Partei der Nichtsbesseresverdienenden vor dem Koalitionspartner **ein.**

Einschnitte Kürzungen; <u>B:</u> **E.** im Personalbereich, **E.** bei Sozialleistungen, **E.** ins soziale Netz

entmieten Mieter mit rechtsstaatlichen Mitteln zum Umzug anregen → *hinaussanieren*

entreichern jemanden abzocken

Entwortung Säuberung eines Rundfunkprogramms von Wörtern, Sinn & Verstand zugunsten von Musik & Werbung

Erwerbsneigung unersättliche Gier der Arbeitnehmer nach Arbeitsplätzen

Event Werbeveranstaltung, auf der Damen mit reizvollem Körperbau lächeln sowie Bier & Sandwiches verteilen

Fakt Tatsache (Lehnwort aus dem DDR-Kaderwelsch); <u>B:</u> „Was ist **F**.?" – „Das ist **F**."

festzurren etwas fixieren; <u>B:</u> Die Bundesbank will die Leitzinsen **f.**.

Filetstücke Liegenschaften in Top-Lage

Filz Vetternwirtschaft in den Reihen des politischen Gegners

final endgültig; <u>B:</u> Kontaktbereichsbeamte proben den finalen Rettungsschuß.

Finaldesigner Sterbehelfer

flächendeckend umfassend, vollständig,

Flieger Flugzeug; niemals der Pilot

Freiheit nach Ambrose Bierce eines der kostbarsten Güter unserer Einbildung

Freisetzung Entlassung von Arbeitskräften

Frieden Waffenstillstand zwischen zwei Kriegen

frisieren fälschen; <u>B:</u> Sagt die eine Bilanz zur andern Bilanz: „Kompliment, meine Liebe, Sie sehen aber heute wieder bezaubernd aus!" – Darauf die andere: „Naja, ich bin ja auch frisch **f**risiert!"

gaucken auf Stasimitarbeit überprüfen; ich gaucke, du gaucktest, er wird gaucken, sie wird gegauckt haben, ihr werdet gegauckt worden sein. W. Röntgen entdeckte die nach ihm benannten Strahlen, J. Gauck weihte sein Leben der Durchleuchtung von Akten; beider Namen bereichern in Verbgestalt die deutsche Sprache. Größer kann Ruhm nicht sein.

Gebührenanpassung Gebührenerhöhung

Gefälligkeitsdemokratie bürgernaher Staat

gehandelt werden gelten als, z. B. als Hoffnungsträger

gehoben was Besseres, z. B: gehobener Mittelstand

Gesamtvollstreckung Pleite / Ost → *Konkurs*

Gestaltungsmöglichkeiten kreative Schlupflöcher, z. B. im Steuerrecht

gestanden erfahren, routiniert; <u>B:</u> Der gestandene Setzer gestand, sich laufend an einer gestandenen Sprinterin vergangen zu haben.

gesundschrumpfen Arbeitskräfte entlassen

Gewinn Profit

Gießkannenprinzip flächendeckend-sinnlose Ausschüttung von Fördergeldern

Glaubwürdigkeit Status, der es nervenstarken Politikern gestattet, faustdicke Lügen als faustdicke Wahrheiten → *rüberzubringen*

Globalisierung Sülzvokabel mit folgender Bedeutung: 1. Die Erde ist eine globusähnliche Kugel. Dies ist 2. der Grund dafür, daß Arbeitsplatzbesitzer sich freudig mit möglichst wenig Lohn zufrieden geben.

-grad neudeutsche Gradwanderung: Bekanntheits**g.**, Beliebtheits**g.**, Frische**g.**, Reife**g.**, Reinheits**g.**, Schwierigkeits**g.**

greifen wirken; Maßnahmen, Reformen, Regelungen wirken, indem sie **g.**

Hartbrandwichtel Gartenzwerg

Hausaufgaben was, wenn wir den gegenseitigen Schuldzuweisungen glauben, weder Regierung noch Opposition je gemacht hat

hausgemacht selbstverschuldet; <u>B:</u> Die Politikerverdrossenheit der Deutschen ist **h.**

Haushaltsloch Wußten Sie schon, daß sich die Bilanz-

31

summen der Banken direkt proportional zur Größe der Löcher in den öffentlichen Haushalten entwickeln? Nein? Dann würde ich mir das an Ihrer Stelle endlich mal merken.

herbeireden Krisen, die es gar nicht gibt, redet der politische Gegner herbei. → *herbeischreiben*

herbeischreiben Krisen, die es gar nicht gibt, schreibt der politische Gegner herbei. → *herbeireden*

herunterfahren senken, vermindern; <u>B:</u> die Neuverschuldung auf null **h.**

herunterkündigen entlassen; <u>B:</u> die Belegschaft der Firma von 500 Mitarbeitern auf 12 **h.**

hinaussanieren Mieter, z. B. durch Luxussanierung auf rechtsstaatlichem Wege zum Umzug anregen; → *entmieten*

hinterfragen fragen; <u>B:</u> den Etikettenschwindel kritisch hinterfragen

hochmotiviert extrem leistungsbereit

hochpreisig teuer

Hoffnungsträger An Hoffnungsträgern ist gottlob kein Mangel: Für die Wirtschaft ist es beispielsweise Rexrodt, beim Fußball Sammer, beim Fernsehen Fliege, für Literaturfreunde Reich-Ranicki, für Frauen Bundesdamenministerin Claudia Nolte, für Patienten Seehofer, und für alle, die esoterisch in die Zukunft schauen, ist es der Zukunftsminister Rüttgers.

Holocaust Massenvernichtung

Humankapital → *Arbeitsplatzbesitzer*

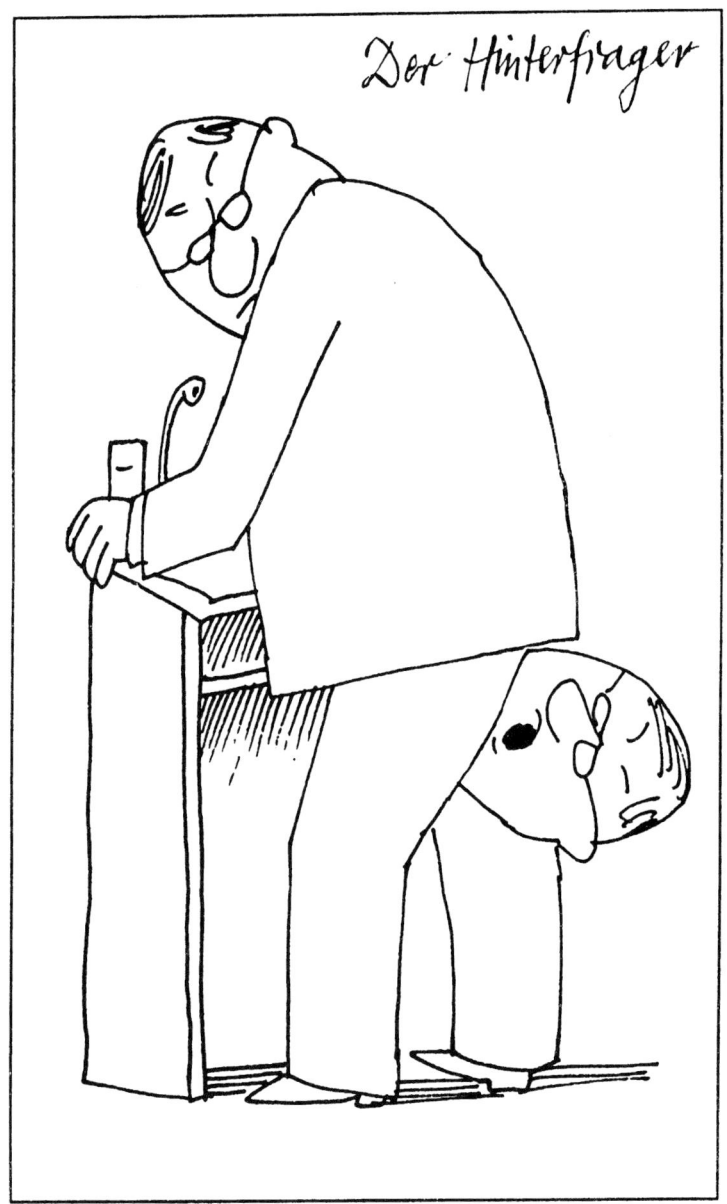

Der Hinterfrager

Identität eine den Unterschied einschließende Gleichheit der Dinge und Personen mit sich selbst ... Wenn ich nur wüßte, was ich damit sagen will! Fürs erste soviel: Es handelt sich um eine Universal-Sprechblase für den abgehoben-professoralen Diskurs.

Immobilie Zauberwort im deutschen Einigungsprozeß; ostdeutsche Pointe: Wann ist die Einheit Deutschlands vollendet? – Wenn der letzte Ostler aus dem Grundbuch verschwunden ist.

Inaugenscheinnahme Ortstermin

Incentive Anreiz; <u>B:</u> ein wirtschaftliches **I.** setzen

in etwa ungefähr (seit ungefähr nicht mehr ungefähr genug ist)

Infotainment moderne Fernsehnachrichten

Infrastruktur Imponiervokabel ohne tiefere Bedeutung

Inkenntnissetzung Information, Unterrichtung; <u>B:</u> Das neue Parkraumbewirtschaftungkonzept wird zwecks **I.** aller Verkehrsteilnehmerinnen und Verkehrsteilnehmer demnächst am Schwarzen Brett publiziert.

Insolvenz Zahlungsunfähigkeit, Pleite

interessant *(Heißluftvokabel)* spannend

34

Investitionserleichterungs- und -hemmnisbeseitigungs-gesetz Beispiel für die überlegene Sprachgewalt des Gesetzgebers

Investor Zwitterwesen zwischen Mäzen, Sponsor und Heiland; selbstloser Wohltäter, der nicht durch Invektiven wie Profiteur oder Ausbeuter erschreckt werden darf, damit er nicht verschreckt den Standort Deutschland einem ungewissen Schicksal überläßt

irrelevant unwichtig (seit unwichtig nicht mehr unwichtig genug ist)

Jammerossi von Optimismusdefiziten gezeichneter Bewohner der Darniederlande

Jet-set interkontinentale Vielfliegerszene; Globetrottel-Witz: Sagt das Jet-set-Girl: „Fünf Stellen gibt es, wo ich dich küssen möchte" – „Und die wären?" – „N.Y., L.A., Paris, London, Tegel."

jetten fliegen, und zwar nicht mit dem Flugzeug, sondern mit dem → *Flieger*

Job-Revolution Dauer-Massenarbeitslosigkeit

job-sharing Arbeitsplatzteilung; in Talk-Shows hingebungsvoll beschworene Aufteilung eines Vollarbeitsplatzes auf 2, 3 Personen

Kapitaldecke Kapitalausstattung; <u>B:</u> Die **K.** der ostdeutschen Firmen ist noch sehr dünn.

keinster emphatische Übersteigerung des Nichts; <u>B:</u> in **k.** Weise

Kernrepublik die Bundesrepublik Deutschland in den Grenzen von 1989

Kernzeit Hauptanwesenheitszeit im Deutschen Bundestag, in der das Fernsehen theoretisch die Chance erhält, einen wenigstens halbwegs viertelvollen Plenarsaal zu zeigen

kippen etwas vereiteln, z. B. Gesetzentwürfe, Projekte, Konzepte und Konsense

Klasse, die politische verschwommen konturierte Gruppe deutscher Leistungsträger, die sich von Krethi & Plethi dadurch unterscheidet, daß sie sich bescheiden als politische Klasse bezeichnet

Knackpunkt ehemals der *springende* Punkt; im Kommen: Hauptknackpunkt

Kodezision Mitsprache in der Europäischen Gemeinschaft

Kohle finanzielle Mittel

kommunizieren miteinander reden

Kompetenz In jeder Pressekonferenz heißt große Fresse Kompetenz.

Komplizität Kompliziertheit

konfliktfähig mobbingfest

Konjunktur esoterische Fortschrittsgewißheit in der Wirtschaft; <u>B:</u> Der gegenwärtige Effizienzeinbruch ist nur eine konjunkturelle Delle.

Konkurs Pleite / West → *Gesamtvollstreckung*

Konsens Friede, Freude, Eierkuchen

kontakten, jemanden sich an jemanden wenden; <u>B:</u> Ich werde dich händymäßig **k.**

konterkarieren widersprechen, vereiteln

Körperverletzung mit Todesfolge mental verträgliche Bezeichnung für Mord an Nichtdeutschen

-kultur Allzweck-Sülzsuffixoid; <u>B:</u> Aktien**k.**, Freikörper**k.**, Hoch**k.**, Innovations**k.**, Konsens**k.**, Nörgel**k.**, Reise**k.**, Stabilitäts**k.**

Laber-Show (Volksmund*)* Talk-Show

-landschaft Bereich, Gebiet, ‚Szene'; in der Naturkunde obsolet und ungebräuchlich; stattdessen: Kabarett**l.**, Kunst**l.**, Medien**l.**, Theater**l.**

Lauschangriff akustische Raumüberwachung

lecker (einst bundesdeutsch, heute gesamtdeutsch) schmackhaft

Leihstimmen → *Stützwähler*; <u>merke:</u> kein Wahlbetrug!

letztendlich → *schlußendlich*

Lichterkette Talg-Show für alles Gute und Schöne

Lohndisziplin Arbeitnehmerbescheidenheit → *Lohnverzicht*

Lohnverzicht Arbeitnehmerbescheidenheit → *Lohndisziplin*

lostreten beginnen, eröffnen; <u>B:</u> eine Diskussion zur Unzeit l.

-lücke schicksalhaftes Defizit; Bilanzierungsl., Bildungsl., Finanzierungsl., Gerechtigkeitsl., Lehrstellenl., Versorgungsl., Zahnl.

Marktwirtschaft Kapitalismus für Sprachsensibelchen

das Machbare Faszinosum der Pragmatiker

Macher beispielhaft durchsetzungsfähiger Mensch in Führungsposition

Maßnahme zweckgerichtetes Handeln; <u>B:</u> Maßnahmebündel für Wachstum und Arbeitsplätze; <u>B:</u> Militärische Maßnahmen können friedenerhaltend, friedenschaffend oder friedenerzwingend sein.

mental hirnrissig

Merchandising Schaumschlägerterminus

Miethai Immobilienfachmann mit Biß

Minuswachstum negativ dynamisiertes → *Nullwachstum*

Mitbestimmung Fremdwort

Mobbing fröhlicher Verdrängungswettbewerb am Arbeitsplatz

Mobilzeitarbeit ehemals Teilzeitarbeit

Mogelpackung Vorschlag des politischen Gegners

Multioptionsgesellschaft Gesellschaft, in, der, wie der Name schon sagt, reinweg alles möglich ist, das Unmögliche eingeschlossen

mutieren zu sich verändern zu (Highlight-Vokabel der deutschen Muti-Kultur)

nachkarten zusätzliche Bedingungen stellen → *draufsatteln*

nachschieben hinzufügen; <u>B:</u> in der Diskussion noch ein Argument n.

nachvollziehen unverzichtbare Imponiervokabel von schillernder Bedeutung; Gebot der Stunde: Bau einer Nachvollzugsanstalt

naturbelassen schlicht, aber teuer

negative Gewinne Verluste

neudeutsch Bei exzessivem Gebrauch von Modewörtern füge man stets ironisch hinzu: „... wie man **n.** zu sagen pflegt."

Nichtseßhafter Penner, Obdachloser

nöcher noch und **n.** (Angeberdeutsch)

Normalverbraucher, Otto Das bist du selbst, lieber Leser, egal wie du auch heißen magst. **N.** – was für ein schöner Name! Er hat den Vorteil, daß er dich stets daran erinnert, daß du als Konsument deine Pflicht und Schuldigkeit gegenüber der deutschen Wirtschaft tun mußt, gell.

Nullrunde Stagnation bei Löhnen, Gehältern und Tarifen

Nullstundenkurzarbeit bis heute unenträtselte Fin-de-siècle-Verbalcréation

Nulltarif überflüssige Vokabel, weil zum **N.** traditionell nichts zu haben ist

nützliche Ausgaben Schmier- und Bestechungsgelder

Ohrfeige, schallende Streicheleinheit für den politischen Gegner

opportun Imponiervokabel für die passende Gelegenheit

Oraldesigner Bezeichnung für die Zahntechniker des 21. Jahrhunderts

ordnungsgemäße Durchführung deutsche Tüchtigkeit und Gründlichkeit bei Projekten aller Art

Ort, vor am Ort des Geschehens

Ossi 1. Ostler, 2. nach ostdeutschem Rezept in ostdeutscher Feinbäckerei gebackenes Brötchen (Schrippe)

ostig ostdeutsch, ossimäßig

outen sich oder andere enttarnen

Outfit Erscheinungsbild

Outplacement Entlassungen

Outsourcing wirtschaftliche Ausgliederung; <u>B:</u> Die PR-Abteilung wurde outgesourst oder – phonetische Schreibweise – autgezorzt.

-paket Angebots**p.**, Finanz**p.**, Förder**p.**, Gesamt**p.**, Reform**p.**, Spar**p.**, Steuer**p.**, Streich**p.**, Tarif**p.**, Verhandlungs**p.**, Wachstums**p.**

Paralleldiskurs gelehrtes Aneinandervorbeireden

Patientengut Menschenmaterial des Arztes

Personalabbau Entlassungen

Personalentsorgung Entlassungen

Personaloptimierung Entlassungen

Personalreduktion Entlassungen

Personalüberhang Kreis der Entlassungskandidaten

Politikerverdrossenheit in schlichten Worten: Die da oben sind unten durch.

Politsponsoring Korruption

posttotalitär ostdeutsches Spezialadjektiv; <u>B:</u> posttotalitäre Melancholie und Larmoyanz der → *Jammerossis*

Procedere, das Schaumschlägervokabel, die das Verfahren bei der Realisierung eines → *Szenarios* bezeichnet

Prominente Promis (Koseform); Menschen von hohem Bekanntheitsgrad, egal ob dieser herrührt von Alkoholmißbrauch, Betrug, Steuerhinterziehung, Kinderschändung, Sodomie oder Nobelpreis

Punkt in der Mathematik ein gedachtes Gebilde mit bestimmter Lage, aber ohne Ausdehnung; in der Orthographie ein kleines, aber feines Zeichen für das Ende eines Satzes; in politischen Reden & Schriften Heißluftvokabel: Ausgangs**p.**, Dreh**p.**, Eck**p.**, Gesichts**p.**, Knack**p.**, Hauptknack**p.**, Schwer**p.**, Hauptschwer**p.**

punktgenau genauer als genau

Querdenker Denker, dem das vom → *Vordenker* Vorgedachte egal ist

Quote Maß aller Dinge bei der Bewertung von TV-Sendungen: Vorsichtshalber wird nicht die Ausschalt**qu.**, sondern die Einschalt**qu.** ermittelt.

Quotenfrau Kosename: Quotilde; erste Quotenfrau im CDU-Präsidium: Bundesministerin Claudia Nolte – die jüngste Ministerin Europas mit den ältesten Ansichten der Welt

Quorum die für die Gültigkeit eines Beschlusses vorgeschriebene Zahl der JA-Stimmen; <u>B:</u> CDU-Frauenquorum: Ganz ohne Quorum geht die Chose nicht!

Rasenmäherprinzip finanzielle Förderung; <u>B:</u> Die Fördermittel wurden nach dem **R.** ausgereicht.

Raumüberwachung Horch- oder Kuckangriff

Reality-TV das Glück, bei einem Unglück dabei zu sein

rechnen, sich unverzichtbares Hauptverb der Marktwirtschaft; <u>B:</u> Für Bestsellerautoren immerhin rechnet sich sogar das Schreiben.

Rechtschreibreform Viel Lärm um nichts.

Reform Polithorror

reformieren verschlechtern, verschlimmern

reinziehen, sich etwas Film- oder Fernsehrezeption; <u>B:</u> sich einen Porno **r.**

relaxed entspannt

Rückbau Abriß, Beseitigung

rüberbringen etwas unabhängig vom Wahrheitsgehalt überzeugend darstellen; <u>B:</u> die Messitsch glaubwürdig **r.**

runterkündigen Entlassungen; die Belegschaft durch zielgerichtete → *Verschlankung* optimieren

Sachzwänge schicksalhafte, gottgegebene, unabänderliche Rahmenbedingungen

Samstag (einst süd-, heute gesamtdeutsch) Sonnabend

sanieren (Treuhandvokabel) plattmachen

Scheitern, das Sülzvokabel; <u>B:</u> die Aktivitäten des politischen Gegners sind zum **Sch.** verurteilt; → *Abfuhr erteilen* → *Schiffbruch erleiden*

Schiffbruch (Sülzvokabel) dem politischen Gegner wird maritimes Scheitern vorhergesagt → *Abfuhr erteilen* → zum *Scheitern verurteilen*

soziale Schieflage die aus der Balance geratene majestätische Gleichheit des Gesetzes, das es dem Armen wie dem Reichen erlaubt, unter Brücken zu schlafen (Anatole France)

schlußendlich → *letztendlich*

Schnäppchen → *Sonderangebot*

Schübling Reisekader nichtdeutscher Staatsangehörigkeit → *Asylant*

Schutzbehauptung Lüge

Seilschaft alte Kameraden

Senioren Rentner, Pensionär

Shareholder Value Aktienwert, der ständig gesteigert werden muß, z. B. durch → *Personalentsorgung*

Soli, der Solidaritätszuschlag; nationalromantisch getarnte Steuer / <u>Witz:</u> Ossi haut Wessi eine runter oder umgekehrt. Was ist das? Solidaritätszuschlag!

Sommerloch Ortschaft bei Bad Kreuznach

Sonderabschreibung Steuervorteil

Sonderangebot → *Schnäppchen*

Sozialdetektiv Ermittler, rund um die Uhr im Einsatz gegen Sozialkleptomanen

sozialverträglich → *zumutbar*

Spähangriff optische Raumüberwachung

spannend (Heißluftvokabel) interessant

Sparpaket Sado-Maso-Sparen; <u>merke:</u> Je reicher die Gesellschaft, desto unfinanzierbarer der Sozialstaat.

Spontanvegetation Unkraut

Standort Deutschland politisches Sülzkonstrukt zur Einschüchterung der Bevölkerung; <u>B:</u> Bildungs**st.**, Kultur**st.**, Rechen**st.**, Suppen**st.**, Urlaubs**st.**, Wissenschafts**st.**

Steuerlüge gebetsmühlenartig zelebrierte Versicherung, Steuererhöhungen werde es unter gar keinen Umständen geben

Streitkultur Diskussion in den Grenzen der Sprachregelungen

Studierender Student

Stützwähler → *Leihstimmen* der CDU für die FDP

Szenario Ablaufplan

Das Bündnis für Standortsicherung

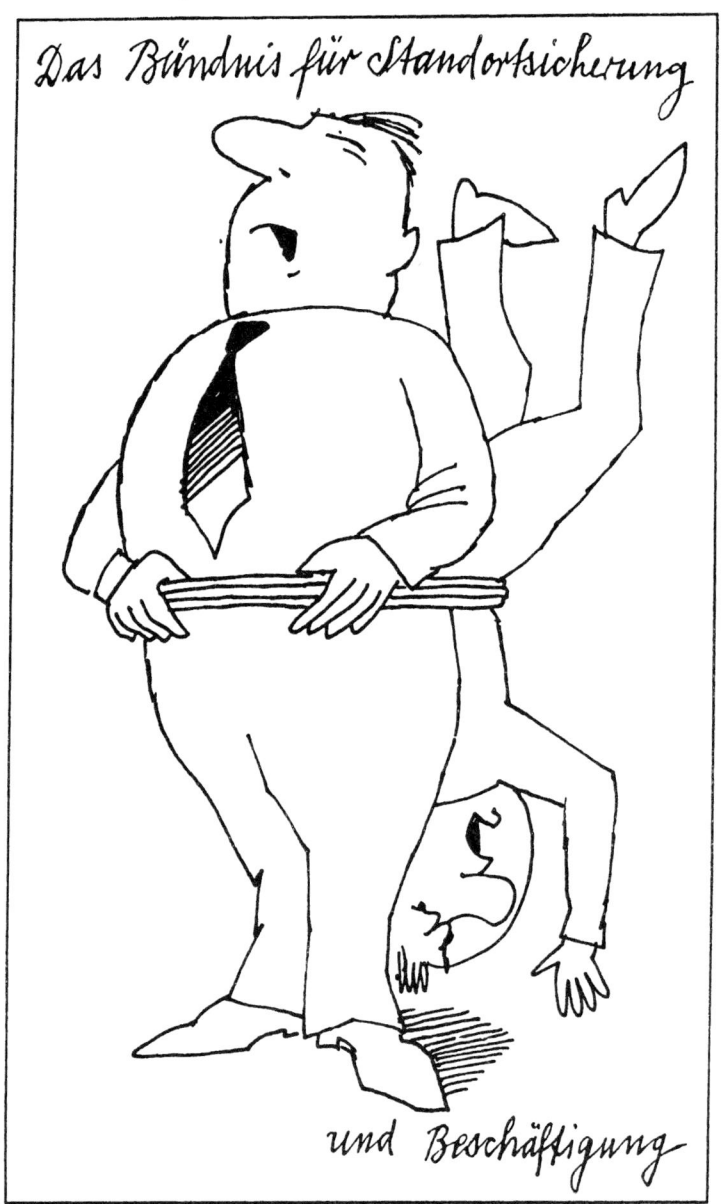

und Beschäftigung

Tabu Thema, über das ständig gesprochen wird, weil darüber nicht gesprochen werden soll

taggleich am selben Tag; <u>B:</u> **T.** beschloß der Ausschuß sowohl das Abschmelzen der Auffüllbeträge als auch die Anhebung der Freibeträge sowie das Festklopfen der Besitzstandswahrung.

Talsohle Tiefpunkt einer Entwicklung; <u>B:</u> In diesem unserem Lande hat der Aufschwung Ost den Gipfel der **T.** erreicht.

Tarifpetting quasierotisches Vorspiel bei Kontakten der Tarifpartner

Therapie- und Entlastungszentrum Puff

Toleranzzone Sexarbeiterinnenaufenthaltsbereich

-träger Bedenkent., Brieft., Entscheidungst., Flugzeugt., Hosent., Preist., Rechtst., Hoffnungst., Leistungst., Toupett., Wassert.

trockene Tücher (dummdeutscher Heißluftbegriff) Seit es ihn gibt, gehören Verträge nicht mehr in Mappen, sondern unbedingt in trockene Tücher.

Treuhand Anstalt zur treuhänderischen Verwaltung des Volkseigentums, zur Privatisierung und Sanierung der ostdeutschen Wirtschaft und zur Sicherung der Arbeitsplätze

Turbulenzen politischer Wirbel

Überflieger einer, der ganz, ganz groß rausgekommen ist
überfragt sein Wer keine Ahnung hat, ist ständig **ü.**
Überfremdung von → *Asylanten* und → *Schüblingen* her-
aufbeschworene Gefahr der Entheimatung der Deutschen
in Deutschland
Überreaktion Übereifer
Übertagemultikomponentensonderabfalldeponie Son-
dermüllkippe
Umbau Abbau; <u>B:</u> Sprachlich ist der soziale U. unserer
Gesellschaft dem sozialen Abbau entschieden vorzuziehen.
Umfeld im Unterschied zum → *Vorfeld* geschützt durch
Umfeldschutz
umhübschen einen Sachverhalt schöner und angenehmer
formulieren; <u>B:</u> Krieg in friedenerzwingende Maßnahmen **u.**
umwidmen umdeklarieren; <u>B:</u> Drei Tage, nachdem ich
meinen Acker verkauft hatte, wurde er plötzlich und unerwartet in Bauland **u**mgewidmet.
unerträglich Entrüstungssprechblase ohne tieferen Sinn
Unregelmäßigkeiten Kriminalität eines Menschen, dem
wir gewogen sind
Unterbeschäftigung Arbeitslosigkeit
unterprivilegiert ein armes Schwein sein
Unterversorgung der sogenannte Hunger in der Welt

Verbindlichkeiten Schulden, virtuelles Geld
verklickern (modisch) jemandem etwas erklären
Vernissage Auftrieb der Reichen und Schönen, mehr als nur eine Ausstellungseröffnung; Parole: Sehen und gesehen werden! Hauptsache: Schickimickischnickischnacki, Nebensache: die Bilder und Objekte
verosten verkommen
Verschlankung Entlassungen
versickern die unangenehme Eigenschaft finanzieller Milliardentransfers, im Osten zügig zu **v.**
Verstrickung politische Reinwaschvokabel für Täter
verticken verscheuern
verunfallen sprachlich elegant einen Unfall erleiden
verzwergen, etwas etwas Wertvolles kleinreden, z. B. historische Größe
virtuell digitale Heißluftvokabel
Vollbeschäftigung in Ermangelung von →*Arbeitsplätzen;* neuerdings Tätigkeit unter Alkoholeinfluß
Vollbremsung → *Deckeln* oder Einfrieren finanzieller Leistungen; <u>B:</u> **V.** bei ABM
Vollkaskomentalität soziale Überbetreuung der Deutschen

vollmundig großfressig

Vordenker Denker, der das Vordenken dem Nachdenken vorzieht

Vorfeld, im vor (‚im Nachfeld' ungebräuchlich)

Waldzustandsbericht bis 1993 unter der Bezeichnung Waldschadensbericht der Bundesregierung bekannt

Wachstumspause Rezession

Weg, etw. auf den W. → *bringen* ein Projekt beginnen und dann in schöpferischer Ruhe abwarten

wegbrechen schicksalhaftes Verschwinden; <u>B:</u> 99 Prozent der Jugendklubs im Osten sind **w**eggebrochen.

wehrtechnische Zusammenarbeit staatlicher Waffenhandel

Wende politische Kurskorrektur

Wessi überholter Begriff für: Westler; ostdeutscher Volksmund: Seit ich die Wessis kenne, liebe ich die Sachsen.

WIP im HEP Wissenschaftlerintegrationsprogramm im Hochschulerneuerungsprogramm (akademische Entlassungen)

Wohnberechtigungsbenennungsschein Papier im DIN-

A-6-Format, das den Inhaber berechtigt, seine Mietwohnung weiterhin zu bewohnen

Wohnungsloser Obdachloser; <u>B:</u> Der **W**ohnungslose zeigt randständiges Sozialverhalten.

Wortbordell Telefonsex-Firma

Xtopist Utopist, der sich ein X für ein U hat vormachen läßt

Yuppies young urban professionals

yeppies young, European, professionals and proud of it; Analog-Bildungen: **dinks** – double income, no kids; **hips** – high income people; **lips** – low income people; **slobbies** – slow but better workers; **vips** – very important persons; **woopies** – well-done older people; **yessies** – young eastern survivors

ZAST Zentrale Aufnahmestelle für Asylbewerber
Zielsetzung Ziel
zögerlich z. ist, wie die Mißbräuchler der Vokabel **z.** versichern, ein Handeln, das sehr abwartend erfolgt und damit einem Zögern zwar nahekommt, jedoch nicht eigentlich als ‚zögernd' zu bezeichnen ist.
zuführen Pflichtverb des Nominalstils; <u>falsch:</u> die Aufgabe lösen, <u>richtig:</u> die Aufgabe einer Lösung **z.**
Zugbegleiter Schaffner
Zukunftsperspektive Aussichten; <u>B:</u> Die von mir persönlich als Einzelindividuum in schöpferisch-kreativer, manueller Handarbeit aufnotierte qualitativ hochwertige wortwörtliche Doppelmopplung **Z.** findet bereits schon allgemeine positive Zutimmung als Fachterminus.

Zumutbarkeit Schlüsselwort auf dem Arbeitsmarkt: Arbeitslosengeld verdient nur, wer klaglos bereit ist, jede *zumutbare* Arbeit anzunehmen. Um dem überbordenden Sozialmißbrauch knallhart einen Riegel vorzuschieben, humanisiert Deutschland die *Zumutbarkeit*sregelungen. Bis zum 1. April 1997 sah die *Zumutbarkeit*sanordnung fünf Qualifikationsstufen vor: Hochschulausbildung, Fachschulausbildung, Facharbeiterausbildung, Anlerntätigkeit, ungelernte Tätigkeiten. Seither gilt: In den ersten 3 Monaten der Arbeitslosigkeit sind – unabhängig von der Qualifikation – Beschäftigungen zumutbar, in denen bis zu 20 Prozent weniger verdient wird, im 4. Monat Lohnminderungen von 30, im 5. von 40, im 6. von 50, im 7. von 60, im 8. von 70, im 9. von 80, im 10. von 90, im 11. von 100 Prozent und mehr; im 12. Monat gilt eine sozialverträgliche öffentliche Auspeitschung des Erwerbslosen als *zumutbar*.

zurückfahren senken, verringern; <u>B:</u> Sozialleistungen weiter **z.**

zurückschneiden mindern; <u>B:</u> den Wildwuchs sozialer Leistungen **z.**

zusammenwachsen politromantisches Hauptverb der deutschen Vereinigung

Der Aufschwung

SÜLZOMAT 2000®

DER ULTIMATIV-RHETORISCHE 3-PHASEN-PHRASEN-KOMMUNIKATOR

Zum Selberbasteln!!!

SÜLZOMAT 2000®

Die Dreierkombination aus jeweils einem Element jeder Phase ergibt ein nahezu unerschöpfliches Potential für politisch knackige Ein- und Auslassungen.

Beispiele:

A 02/08/19: selbsttragende Betroffenheitskonsolidierung
B 13/05/01: mittelfristige Menschenrechtsreform
C 10/04/02: ausgewogene Globalisierungsessentials

PHASE I	PHASE II	PHASE III
01 demokratische	01 Besitzstands	01 -reform
02 selbsttragende	02 Aufschwungs	02 -essentials
03 bürgernahe	03 Gefälligkeits	03 -demokratie
04 effiziente	04 Globalisierungs	04 -optimierung
05 ultimative	05 Menschenrechts	05 -orientierung
06 soziale	06 Markt	06 -wirtschaft
07 unabdingbare	07 Prioritäts	07 -dynamik
08 dynamische	08 Betroffenheits	08 -bewältigung
09 postmoderne	09 Gerechtigkeits	09 -lücke
10 ausgewogene	10 Beschleunigungs	10 -maßnahme
11 politische	11 Willens	11 -bildung
12 sozialverträgliche	12 Freiheits	12 -perspektive
13 mittelfristige	13 Konjunktur	13 -stabilisierung
14 flächendeckende	14 Spaß	14 -kultur
15 humanitäre	15 Überfremdungs	15 -befindlichkeit
16 unverzichtbare	16 Verantwortungs	16 -gemeinschaft
17 konstruktive	17 Integrations	17 -kompetenz
18 nachvollziehbare	18 Kosten	18 -dämpfung
19 selbstverschuldete	19 Wachstums	19 -konsolidierung
20 historische	20 Beschäftigungs	20 -bilanz

Ein exklusives Gemisch von jeweils 3 dieser lexikalischen Einheiten aus dem Vokabular des Überbringers guter Botschaften ergibt eine Riesenauswahl ebenso ausdrucks- wie eindruckvoller Statements, welche die Wählerinnen und Wähler bezaubern durch stringente Sinnlosigkeit und zupackende Redundanz. Hierbei ist die Reihenfolge der syntaktischen Elemente völlig irrelevant für den rhetorischen Sukzeß. Und! Wer über einen wenigstens durchschnittlich gefestigten Hauptschulwortschatz gebietet, hat keine Mühe, das Wortgut nach Belieben zu erweitern. SÜLZOMAT 2000® – man braucht ihn einfach! Nicht oft, aber immer öfter. Er ist das Ende der Sprachlosigkeit!

Beispiele:
A Die selbsttragende Betroffenheitskonsolidierung ist ein Muß für jede mittelfristige Menschenrechtsreform.
B Die mittelfristige Betroffenheitsreform steht in einem sozialverträglichen Verhältnis zu den ausgewogenen Globalisierungsessentials.
C Die ausgewogene Globalisierungskonsolidierung ist für jede selbsttragende Menschenrechtsreform unverzichtbar.

So entsteht er – unser SÜLZOMAT 2000®:

Mittels Schere trennen wir drei ca. 6 cm breite und 15 cm lange Streifen aus mittelstarkem Karton heraus, auf die wir das sprachliche Material für die 3 Phasen aufbringen.
Alsdann fertigen wir ein Tableau mit der Aufschrift SÜLZOMAT 2000®. Durch Zug oder Schub läßt sich im vorbereiteten dreifenstrigen Display jede gewünschte Kombination kurzfristigst herstellen.

Und so sieht er komplett aus, unser ultimativer Kommunikator

PHASE II

01 Besitzstands
02 Aufschwungs
03 Gefälligkeits
04 Globalisierungs
05 Menschenrechts
06 Markt

PHASE I

01 demokratische
02 selbsttragende
03 bürgernahe

PHASE III

01 -reform
02 -essentials
03 -demokratie
04 -optimierung

SÜLZOMAT 2000®

08 dynamische

10 Willens

09 -lücke

13 mittelfristige
14 flächendeckende
15 humanitäre
16 unverzichtbare
17 konstruktive
18 nachvollziehbare
19 selbstverschuldete
20 historische

16 Verantwortungs
17 Integrations
18 Kosten
19 Wachstums
20 Beschäftigungs

14 -kultur
15 -befindlichkeit
16 -gemeinschaft
17 -kompetenz
18 -dämpfung
19 -konsolidierung
20 -bilanz

Und gratis dazu gibt's auf Seite 61 den Mindestwortschatz 2000 der politischen Willensbildung!

60

Mindestwortschatz 2000
der politischen Willensbildung!

Arbeitsplätze – Aufarbeitung – Auslaufmodell – **B**eschäftigungsgipfel – Besitzstandswahrung – Besserverdienende – Betonköpfe – **C**ash – Crash – **D**enkmodell – Deutsche Spaßkultur – Duales System – **E**ckrentner – Eine andere Republik – Einzelfallprüfung – Etikettenschwindel – Ex und hopp – **F**inanzspritze – Flexibilisierung – Frieden und Freiheit – **G**emengelage – Gewinnmitnahme – Gerechtigkeitslücke – Globalisierung – Grauzone – **H**andlungsbedarf – Hardliner – Heißer Herbst – Historische Chance – **I**dentität – Industrielle Kerne – Investive Ströme – **K**ompetenzgerangel – Kostendämpfung – Kreditinstitute – **L**eistungsträger – Lobby – Lohnnebenkosten – **M**an sieht sich – Mitbürger – Mitverantwortung – **N**achbessern – Nägel mit Köpfen – Nullrunde – **O**fenfrisch – Outplacement – Outsourcing – Outfit – **P**aradigmenwechsel – Personaldecke – Problemstau – Prüfstand – **Q**uerschnittskompetenz – **R**andgruppen – Restrisiko – Roß und Reiter – **S**chadensbegrenzung – Schlagabtausch – Schlußstrich – Schmerzgrenze – Schmusekurs – Schritt in die richtige Richtung – Seilschaft – Sozialneid – Standort Deutschland – **T**alsohle – Trendy – **U**ltimativ – Umbau – Umdenken – Und tschüs – **V**erantwortungsgemeinschaft – Verwerfungen – **W**enn und Aber – Wertewandel – Wildwuchs – Wir telefonieren – Wohlfühlklima – **Z**ielzentriert – Zweites Standbein – Zukunft – **A**lles klar!

Die neue deutsche Bildhaftigkeit

*Der Zug der deutschen Einheit fährt langsam
durch den Bahnhof der Geschichte.*
Dr. Helmut Kohl, deutscher Politiker

Der Deutsche Bundestag ist auch nur ein Mensch. Diese Metapher wird zur numerischen Tatsache in den Stunden seiner flächendeckenden Entvölkerung, wenn nämlich das Fernsehen nicht mehr überträgt. Sobald jedoch das Fernsehen überträgt, in der sogenannten *Kernzeit*, wimmeln & wuseln Dutzende telegener VolksvertreterInnen bildfüllend&flächendeckend vor der Kamera herum und verwandeln das Plenum in eine Grand-Slam-Kampfbahn des politischen Wortgefechts. Und, füge ich hinzu, im Unterschied zum deutschen Feuilleton benutzen sie die deutsche Sprache auch schon mal, um sich verständlich zu machen. Merkwürdigerweise führt gerade dies beim andächtig lauschenden Wähler häufig zu Kopfschütteln und demokratischer Ernüchterung.

In den Feuilletons freilaufender Feuilletonisten ist die neue deutsche Verständlichkeit noch eher selten. Binsenweisheiten werden so brillant chiffriert, daß keine Sau mehr Bock darauf hat, sie zu entschlüsseln. Doch solange die Anzeigenerlöse stimmen, läßt der Verleger sie gewähren. Die Feuilletonisten von heute überlegen sich sehr genau, mit wem sie sich in die Kneipe setzen und mit wem nicht. Angenommen, sie thematisieren genau dieses knackig-relevante Thema und versuchen ihren Leserinnen & Lesern in wohlgesetzten Worten nahezubringen, sie überlegten sich sehr genau, mit wem sie sich in die Kneipe setzen und mit wem nicht – wetten, daß keiner zu schreiben wagt: „Die Feuilletonisten von heute überlegen sich sehr genau, mit wem sie sich in die Kneipe setzen und mit wem nicht." Wetten, daß sie etwa so formulieren: „Die Kommunikationsinklination der kontemporären printmedialen Population manifestiert sich als intens selektiv."

Die Mitglieder des Bundestags dagegen, selbst wenn sie an chronischer Logorrhoe* leiden, reden so, daß *die mutter jhm hause, die kinder auff der gassen und der gemeine man auff dem marckt* wenigstens jedes zweite Wort verstehen. Liegt es daran, daß die repräsentativen Demokraten dem deutschen Volk *auffs maul geschaut* haben? Gewiß. Doch haben sie, was bis heute nur wenig bekannt ist, im Rausch der Globalisierung auch anderen Völkern dorthin geschaut, vor allem den *Eingeborenen* der südpazifischen Insel Vanuatu.

*

Die Menschen von Vanuatu sprechen eine beispielhaft bildhafte Sprache, deren Grundsätze unsere politische Klasse mit Gewinn für die Sprachkultur ohne viel Aufhebens übernommen hat; sprachliche Härten abstrakter Wörter, Begriffe & Argumente in Politik & Wirtschaft lassen sich so

---

*) *krankhafte Geschwätzigkeit, Redseligkeit als Enthemmungserscheinung und Folge mangelhafter sprachlicher Selbstkontrolle*

höchst anschaulich umschreiben. Ein typisch europäischer Importartikel wie das Klavier heißt in Vanuatu *große europäische Schachtel mit weißen und schwarzen Zähnen, und wenn man sie schlägt, weint sie.* Die Geige ist *die kleine Schwester des Klaviers*, die ihrerseits weint, *wenn man sie am Bauch kratzt.*

Zur weiteren Verbildhaftigung der Muttersprache wäre sogar Entwicklungshilfe durch vanuatuanische Linguisten denkbar, im Idealfall wären dann auch extrem vertrackte lexikalische Einheiten wie *Vermögensbildung in Arbeiterhand, soziale Überbetreuung der Deutschen* oder *Anleitung zur Ausfüllung des Antrags auf Gewährung von Kurzarbeitergeld* zu knacken.

„Wer wollte leugnen", sagt Bundespräsident Herzog, „daß es im sozialen Netz Auswüchse gibt!" Die Gefahr einer sozialen Schieflage, warnt er, ergebe sich aber daraus, daß „unentwegt von irgendeiner Seite irgendein Abbau von Leistungen gefordert" werde, man müsse statt dessen „an allen Gürteln gleichzeitig ziehen".

Diese bürgernahe Metaphorik gereicht einer *demokratischen Diskursethik* zur Ehre. Sowohl unter dem Simultantauziehen *an allen Gürteln* als auch unter dem Imponierbegriff *demokratische Diskursethik* kann sich jedermann, auch der vollverkabelte Analphabet, nicht nur dieses, sondern auch jenes vorstellen.

Mich überrascht nicht, daß der sprachbewußte Bundespräsident den zähen Kampf des Komitees gegen Beschleunigte Modernisierung der Deutschen Sprichwörter (KBMDS) nach Kräften unterstützt. Genau wie unser unverkrampfter Bürgerpräsident bin auch ich nicht bereit, *Lifestyle*-Adaptionen bewährter Sprichwörter gutzuheißen.

Ich werde auch künftig sagen: Ein guter Hahn wird selten

fett. Und nicht: Ein potenter maskuliner Hühnervogel neigt nur in Ausnahmefällen zur Korpulenz.

Ich sage: Unrecht Gut gedeihet nicht. Nie und nimmer werde ich sagen: Illegal erworbenes Eigentum und dynamisches Wachstum schließen sich gegenseitig aus.

Niemals werde ich die Wanderniere als ambulantes Harnausscheidungsorgan bezeichnen, Pisse nicht als Natursekt, Appetitszügler nicht als Nahrungsbedarfsminimierer und zwei blaue Augen nicht als bilaterale, parorbitale peripherische Haematome.

*

Dieser verbale Widerstand ist *angesagt*, um die ungebremste Entwicklung unserer Muttersprache zur optimalmaximierten Bildhaftigkeit durchzusetzen. In diesem Punkt ist die Kuh noch nicht vom Eis, und weil sie noch nicht vom Eis ist, weil diese Vision noch nicht in trockenen Tüchern ist, weil wir noch nicht über den Berg sind, sollten wir über den Tellerrand des Jahrzehnts hinausschauen, unsere Aktivitäten bündeln, unsere Hausaufgaben machen, die Karre aus dem Dreck ziehen, den Euro durchboxen und den Bürger unterm Strich netto entlasten.

Vor kurzem wirkte ich mit in Horst-Dieter Schlossers Frankfurter Sechserbande, die Jahr für Jahr ein paar Vokabeln zu *Unwörtern des Jahres* stigmatisiert.

Nachdem 1995 die Junge Union dadurch auffällig geworden war, daß sie die Gerontokraten der Altherren-CDU als *Corega-Tabs-Partei* verhöhnt hatte, mußte 1996 TV-Tycoon Helmut Thoma (RTL) dran glauben. In alpinem Tonfall hatte er erklärt, er für seine Person sei fest entschlossen, der *Altenplage* entgegenzuwirken und den

Einschaltquoten-Anteil der Bundesbürger über fünfzig, der *Kukidents*, zugunsten jüngerer, dynamischerer, umsatzfreudigerer Zuschauer zu *verschlanken*. Auch eine Zeitschrift namens SPIEGEL hatte den Ältestenrat des Bundestages liebevoll ein *Kukident*-Gremium genannt.

All dies empfand die reifere Jugend als Diskriminierung deutschen Friedhofsgemüses und hängte die *Kukidents* bei Schlossers Unwortbüro an die große Glocke.

Die *Kukident* GmbH in Weinheim an der Bergstraße, ein *Unternehmen des europäischen Rechts*, hörte davon läuten. Umgehend protestierte Herr Kahleyß im Namen der *Kukident*-Werksleitung:

Sehr geehrter Herr Professor ██████,

wir, die Mitarbeiter der Firma Kukident GmbH, verwahren uns dagegen, das Wort "Kukidents", das als Politikerbeschimpfung verwendet wurde, zum Unwort des Jahres 1995 zu erklären.

Der Markenartikel Kukident Zahnprothesenreiniger ist ein seit langer Zeit bewährtes Produkt, das vielen Zahnprothesenbenutzern ihr tägliches Leben erleichtert. Wir würden ein Unwort "Kukidents" nicht nur als eine Verhöhnung der älteren Mitbürger, die Kukident verwenden sondern auch als eine Diskreditierung unserer Arbeit bei der Herstellung dieses Produktes empfinden.

Bei dem täglichen Kampf um unsere Arbeitsplätze, den wir mit Kundenorientierung, Qualitätsbewußtsein und energischer Rationalisierung gegen immer stärkeren Druck aus dem Ausland führen, können wir eine derartige "Werbeunterstützung" wirklich nicht gebrauchen.

Wir fordern Sie daher auf, dieses Wort nicht in die engere Wahl des Unwortes des Jahres 1995 aufzunehmen.

Sollten Sie Interesse haben, die Firma Kukident GmbH in Weinheim näher kennenzulernen, sind wir gerne zu einem Termin mit Ihnen bereit.

Mit freundlichen Grüßen

Kukident GmbH

ppa
Hans-Dieter Kahleyß
- Werksleitung/

Ein Protest mit Biß, kulinarisch ausgedrückt: al dente. So ein Schuß vor den Bug jedoch kann uns nicht aufhalten. Warum sollte der deutsche Adler nicht reden, wie ihm der Schnabel gewachsen ist! Sollte Wolfgang Schäuble in einer Bundestagsrede über Gefahren, die dem Generationenvertrag im kollektiven Freizeitpark drohen, etwa nicht sagen dürfen: „In Ein-Personen-Haushalten kann Solidarität zwischen den Generationen nur unvollkommen gelebt werden!"

Aber ja doch! Er sollte. Denn „gelebte Solidarität ist der Kitt einer funktionierenden Gesellschaft" (Claudia Nolte). Warum sollten die Versicherungen ihren Handlungsspielraum nicht ausschöpfen und von Zeit zu Zeit an der Beitragsschraube drehen! Was ist schon dabei, daß sich die Schere zwischen Löhnen und Gewinnen zügig öffnet! Was ist dabei, wenn die deutschen Banken mitspielen in der Weltliga des großen Geldes, wenn Thyssen und Krupp eine Stahl-Ehe eingehen, um endlich in die Weltliga der Stahlgiganten aufzusteigen! Und warum eigentlich sollten Abgeordnete des Deutschen Bundestages nicht Farbe bekennen, Flagge zeigen und ihren Wählern in den blühenden Landschaften am Ende der Fahnenstange nach dem Gießkannenprinzip reinen Wein einschenken?

Konsens ist keine Einbahnstraße, darum sollten sie sich dem Druck der Straße nicht beugen, darum sollten sie ohne Wenn und Aber die Mauer in den Köpfen schleifen, die Gräben in den Herzen planieren und den Wildwuchs sozialer Leistungen zurückschneiden in der Sprache der verschärften Bildhaftigkeit, in der rote Socken, alte Seilschaften und bräsig vor sich hindumpfende Betonköpfe die deutsche Einheit zur Erbsenzählerei verzwergen! Seiteneinsteiger, Querdenker, Senkrechtstarter und Überflieger sehen sich bei Grabenkämpfen mit Minenhunden, Baulöwen und Immobilienhaien flächendeckend in einen Schlagabtausch um Filetstücke verwickelt; nur der hautnahe Schulterschluß kann sie aus der Talsohle der Grauzone herausführen, und in der Wirtschaft kann Gewinne nur einfahren, wer die Produktion verschlankt, die Löhne einfriert, das soziale Netz reißfest und kostendämpfend gesundschrumpft sowie auf dem Wege der Personalentsorgung ausdünnt, auskämmt und schließlich hermetisch deckelt, um nicht finanziell draufsatteln zu müssen – damit der Konjunkturlokomotive der Dampf nicht ausgeht.

Der Bedenkenträger

Per aspera ad acta

Pythagoras braucht für seinen berühmten
Satz 24 Wörter. GOTT DER HERR benötigt
179 Wörter für seine Zehn Gebote.
Die amerikanische Unabhängigkeitserklärung
umfaßt 300, der Paragraph 19a des deutschen
Einkommensteuergesetzes 1862 Wörter.

Im Oberlandesgericht Karlsruhe strebte ein Verteidiger die Revision eines Urteils mit dem Bemerken an, das Gericht sei *nicht vorschriftsmäßig besetzt* gewesen, weil einer der Schöffen *während der Hauptverhandlung geschlafen* habe. Das Gericht wies den Antrag ab, und zwar mit folgendem Argument:

Die Nachprüfung des Vorbringens ergab, daß nach der Mittagspause der Schöffe während des Schlußvortrages eingenickt war. Währenddessen befaßte sich der Verteidiger mit ausgesprochen schwierigen steuerrechtlichen Fragen. Es ist offensichtlich, daß der Schöffe auch im wachen Zustand dem Vortrag nicht hätte folgen können.

Dieser Standpunkt ist durch ein Präzedenzurteil des Bundesverwaltungsgerichts (BVG) hinreichend gedeckt. Das BVG hat bereits vor längerem entschieden, daß Schlafen allein eine angestrebte Revision nicht rechtfertigen könne. Beisitzende Richter verhalten sich erst dann rechtswidrig, wenn *tiefes, hörbares und gleichmäßiges Atmen oder Schnarchen* zu hören ist.

*

71

Die deutsche Arbeitnehmerschaft der Gegenwart zerfällt grundsätzlich in zwei Teile, in Beamte einerseits und Arbeiter/Angestellte/Arbeitslose andererseits. Angestellte empfangen ein *Gehalt*. Beamte werden *besoldet*. Arbeiter, d. h. Lohnempfänger, werden weder bearbeitet noch belohnt; sie werden, wenn sie ein bißchen Glück haben, *entlohnt*. Arbeitslose erhalten, wenn auch zumeist mit Verspätung, Arbeitslosengeld. Sie alle blicken voller Bewunderung auf zum überprivilegierten Beamten.

Noch scheint sie zu schlummern, die Furie Sozialneid, doch genügt vielleicht schon eine Kleinigkeit, sie zu wecken. Vielleicht reicht es schon, daß ein zerstreuter Staatsanwalt nach Dienstschluß, abends vor 14 Uhr, das Schild MITTAGSPAUSE von der Außenseite seiner Bürotür abhängt.

Der Status des Angestellten ist kein sozialer Makel; auch ein sogenannter kleiner Angestellter kann über zwei Meter groß sein. Doch zur Rettung des sozialen Friedens kann jeder Wohlmeinende der Bundesregierung nur eines wärmstens empfehlen: die restlose Verbeamtung der deutschen Arbeitnehmerschaft. Diese käme damit nicht allein in den Genuß eindrucksvoller Titel und Rangbezeichnungen wie Justizvollstreckungssekretär (Besoldungsgruppe A 6) Oberlokomotivführer (A 7) Hauptlokomotivführer (A 8) Oberstabsbootsmann (A 9) Zweiter Konrektor (A 12) Kanzler Erster Klasse (A 13) Flotillenapotheker (A 15) Flottenapotheker (B 3) Militärgeneralvikar (B 6) Bundesdisziplinaranwalt (B 6) Präsident der Bundesschuldenverwaltung (B 8) oder Direktor beim Bundesbeauftragten für die Unterlagen des Staatssicherheitsdienstes der ehemaligen Deutschen Demokratischen Republik, sondern sie wären – als Beamte – auf Lebenszeit unkündbar. Die Geißel der Erwerbslosigkeit, die wir alle gemeinsam so sehr verabscheuen, gehörte einfür allemal der Vergangenheit an. Das ganze deutsche Volk hätte erstklassige finanzielle Vorteile: Grundgehalt, Urlaubs- und Weihnachtsgeld, Vergütungen, Sonderaufwendungen, vermögenswirksame Leistungen und Zulagen jeglicher Art.

Warum hängen im deutschen Wald die Nistkästen für unsere deutschen Piepmätze höher als 4,00 Meter? Weil die deutschen Forstbeamten für die sachgemäße Montage oder

Demontage der Kästen erst dann eine Höhenzulage bekommen, wenn sie die ominöse 4-Meter-Linie überklimmen. Taucher wiederum erhalten eine Taucherzulage, gestaffelt nach Wassertiefe: bis zu 20,00 Meter Tiefe 18,10 DM/h; für jeweils 5,00 Meter Tauchtiefe zusätzlich erhöht sich die Zulage um jeweils 7,86 DM/h.

Immer öfter werden sorglose Beamte mit dem Vorwurf des Nichtstuns konfrontiert! Beamten-Mikado: Wer sich zuerst bewegt, hat schon verloren. Da Beamte in den Genuß zahlreicher Zulagen kommen, darf von ihnen eine angemessene Kritikverträglichkeit erwartet werden. Diese Entscheidung fällte das Oberlandesgericht Brandenburg:

Ein Bauunternehmer hatte einem städtischen Dezernenten *Nichtstun* vorgeworfen. Der so Gescholtene sah darin eine böswillige und gehässige Schmähkritik und verlangte, seinem Kontrahenten die weitere Verbreitung dieses Anwurfs zu untersagen. Der Senat wies den Antrag jedoch zurück. Die Worte des Bauunternehmers seien eine zulässige Meinungsäußerung, hieß es zur Begründung. Ein Baudezernent sei Person des öffentlichen Lebens; wer dergestalt in der Öffentlichkeit wirke, so die Richter, müsse auch *harte und kritische Äußerungen ertragen.*

Die Beamtenzulage tritt auf in Gestalt von Erschwerniszulagen, Dienstalterszulagen, Funktionszulagen, Ortszulagen, Anpassungszulagen, Programmierzulagen, Dienstpostenzulagen, Rationalisierungszulagen, Fremdsprachenzulagen, Wechseldienstzulagen, und es gibt selbstredend eine Harmonisierungszulage von maximal 190,00 DM, die aus Gerechtigkeitsgründen all jenen zusteht, die sonst vielleicht überhaupt keine Zulage bekämen. Und natürlich steht Mitarbeitern der Bundesmonopolverwaltung für Branntwein, die den Schnaps abfüllen dürfen zum Wohle des Volkes, eine Branntweinabstinenzzulage zu.

All diese Zulagen sind, wie sich denken läßt, Gegenstand des Neids. So erklärt sich der trotzige Wandspruch in zahllosen deutschen Amtsstuben:

Wenn Neid und Mißgunst dich umringen,
dann denk an Götz von Berlichingen.

All diese Zulagen sind aber auch beredter Ausdruck dafür, daß Beamte jederzeit mit gefahrvollen, ja tödlichen Situationen rechnen müssen; darum ist auch die finale Amtshandlung genauestens geregelt, laut *Handbuch der Verwaltungspraxis* folgendermaßen:
Stirbt ein Bediensteter während einer Dienstreise, so gilt diese damit als beendet.

Als Wandschmuck beliebt ist nicht nur in deutschen, sondern mittlerweile auch schon in Bureaus der Europäischen Gemeinschaft der folgende vertrauenbildende Aphorismus:

Bei uns wird Hand in Hand gearbeitet;
was die eine Hand nicht schafft,
läßt die andere liegen.

Kürzlich sandte ein controlleur-en-chef der belgischen Steuerfahndung einem gewissen Goethe, Johann Wolfgang, einen Brief, Adresse: Brüssel, Rue Belliard 58. Er forderte den säumigen Goethe auf, Angaben zu seiner Person beizubringen. Postwendend teilte Goethe mit, er sei als Freiberufler tätig und seit dem 6. Juni 1816 verwitwet, habe aber immer noch keine Steuernummer, ja nicht einmal ein Telefon. Dieser rätselhafte Vorgang ist schnell aufgeklärt. In der Rue Belliard 58 residiert das Goethe-Institut der Bundesrepublik Deutschland, und die Angaben zur Person machte, da Eckermann durch Abwesenheit glänzte, wohl oder übel der Kulturreferent der deutschen Botschaft.

Unsterblichkeit ist nicht jedermanns Sache, außer Goethe aber wurde sie immerhin auch Heine zuteil. Eine Versicherungsanstalt aus Hannover bot Heinrich Heine schriftlich ihre Hilfe an. *Sehr geehrter Herr Heine*, heißt es im Brief, *wenn es um Lebensversicherungen geht, ist ehrliche Beratung gefragt*; Heine solle sich für seine persönlichen Ansprüche *ein maßgeschneidertes Produkt* auswählen. Adressat war in diesem Fall eine nach Heine benannte Schule in Düsseldorf.

*

Der Schritt in die richtige Richtung

Über den gähnend leeren Kassen der gesetzlichen Alterssicherung kreist der Pleitegeier. Wären wir alle Beamte, könnte uns das piepe sein. Denn wären wir Beamte, garantierte uns der Staat Pensionen zum Nulltarif ohne Selbstbeteiligung. Und das Schönste: Wie jeden Morgen ohne unser Zutun die Sonne aufgeht, stellten die ersehnten Beförderungen sich ein – kommt Zeit, kommt Oberrat. Daher die zuverlässige, beständige Kärrnerarbeit, die der deutsche Beamte ohne Murren auf sich nimmt. Er verrichtet sie nach den Drei Goldenen Regeln:

1. Das haben wir immer so gemacht.
2. Das haben wir nie so gemacht.
3. Da könnte ja jeder kommen.

Daher auch seine traditionelle Treue und Loyalität, die 1943 dazu führte, daß ein Unterhauptsekretär der Obersten Reichsbehörde eine minder wichtige Akte mit dem schriftlichen Bemerken ablegte: „Wiedervorlage nach dem Endsieg!"

*

Dieses Urvertrauen in die Sieghaftigkeit und Unfehlbarkeit des jeweiligen Staates beflügelt den deutschen Beamten zu Akribie und Sprachgewalt. Das Oberlandesgericht Düsseldorf formulierte das folgende Urteil, das alle Autofahrer sich schleunigst einprägen sollten:

Wer auf der Autobahn im Bereich von Vorsortierräumen, die durch Aufstellung von fahrstreifengegliederten Vorwegweisern eingerichtet sind, auf der durch eine breite Leitlinie abgetrennten Rechtsabbiegespur an den auf den für den Geradeausverkehr bestimmten Richtungsfahrbah-

nen befindlichen Fahrzeugkolonnen rechts vorbeifährt, ohne nach rechts abbiegen zu wollen, und anschließend nach links in eine Fahrzeuglücke einschert, überholt rechtswidrig rechts.

Alles muß seine Ordnung haben, auch die Haute Couture in deutschen Gerichtssälen.

Aus der Anordnung über die Amtstracht im Geschäftsbereich des Ministeriums der Justiz des Landes Sachsen-Anhalt:

Als Material für die Robe wird schwarzer, feiner Kammgarnstoff, Kaschmir oder Lasting verwendet. Die Robe wird über der Kleidung getragen. Sie fällt vorn und hinten weit und faltig bis über die Mitte der Unterschenkel herab. Die vorderen Kanten der Robe werden durch eine Reihe von vier oder fünf verdeckten Knöpfen geschlossen. Die Kanten greifen nicht übereinander, sondern stoßen nur aneinander. Zu diesem Zweck ist an das rechte Vorderteil ein etwa 3 cm breiter Untertritt angeschnitten, der oben wie die Halsausschnittlinie und unten einige Zentimeter unterhalb des untersten Knopfes schußmäßig nach der vorderen Mitte verläuft ...

Kann man es genauer sagen? Vielleicht! Und wenn, dann nur in Brüssel, wo sich die Einflüsse deutschen Mutterlauts, insbesondere deutsche Deutlichkeit, Klarheit und Ausführlichkeit, auf den Stil der EG-Dokumente nach und nach segensreich bemerkbar machen. Die *Richtlinie des EG-Rates zur Angleichung der Rechtsvorschriften der Mitgliedstaaten über land- und forstwirtschaftliche Zug-*

maschinen auf Rädern ist ein 462 Seiten DIN A 4 starkes, kiloschweres Konvolut randvoll mit ultimativen Definitionen.

Aus der *Richtlinie 74/347/EWG des Rates betreffend das Sichtfeld und die Scheibenwischer von land- und forstwirtschaftlichen Zugmaschinen auf Rädern (geändert oder angepaßt durch die Richtlinien 79/1073/EWG und 82/890/EWG):*

*Als **Führerhaus** gilt jeder Aufbau mit steifen Bauteilen, durchsichtig oder undurchsichtig, der den Fahrer von allen Seiten umschließt sowie ihn nach außen abschirmt.*

***Sichtfeld** ist die Gesamtheit aller Richtungen nach vorn und nach den Seiten, in die der Fahrer sehen kann.*

***Sichthalbkreis** ist der Halbkreis, der mit einem Radius von 12 cm so um den lotrecht unter dem Bezugspunkt in der horizontalen Fahrbahnebene gelegenen Punkt beschrieben wird, daß der Bogen – in Fahrtrichtung gesehen – vor dem Fahrzeug liegt und der den Halbkreis begrenzende Durchmesser mit der Zugmaschinenlängsachse einen rechten Winkel bildet.*

***Sitzbezugspunkt**, vulgär ausgedrückt, die Stelle, an der der Fahrer sitzt, *ist der Punkt in der Längsmittelebene des Sitzes, in dem sich die Tangentialebene am unteren Teil der gepolsterten Rückenlehne mit einer Horizontalebene auf der Sitzoberfläche schneidet.*

***Rückenlehne** ist die nahezu vertikale Fläche des Sitzes, die dem Führer als Rückenstütze dient. **Sitzfläche** ist die nahezu horizontale Fläche des Sitzes, die die sitzende Haltung des Führers ermöglicht, und **Führersitz** ist der einer einzigen Person Platz bietende Sitz, der für den Führer bestimmt ist, wenn dieser die Zugmaschine führt...*

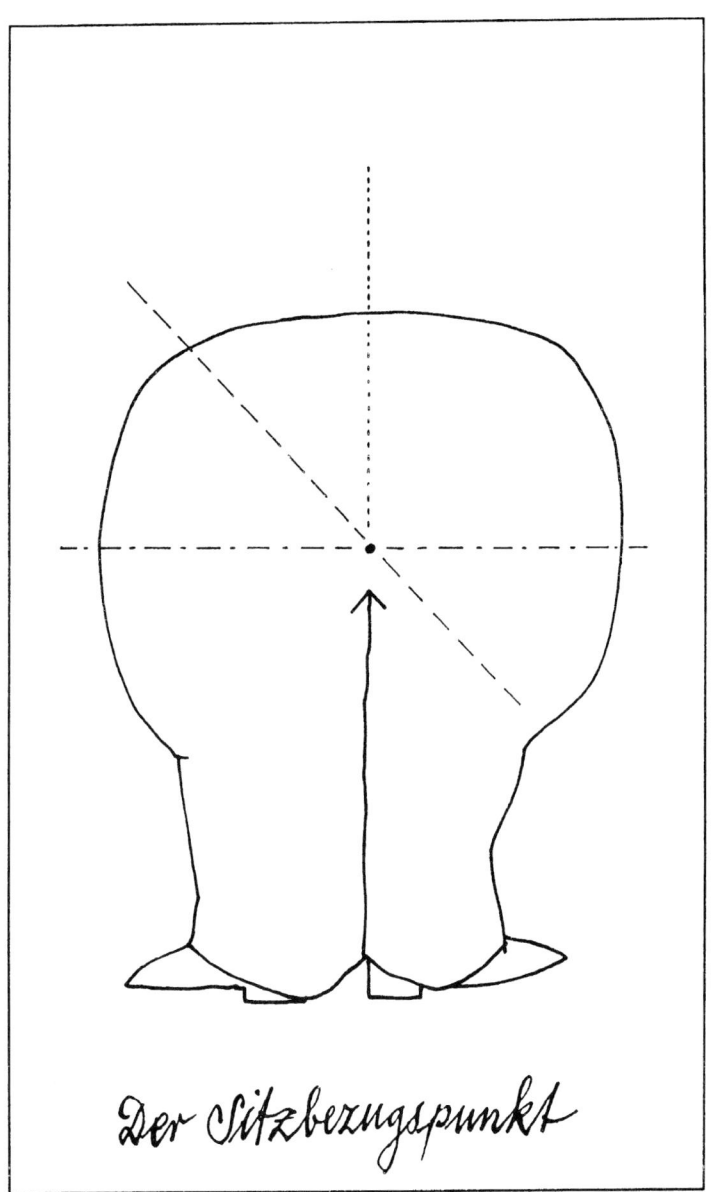

Der Sitzbezugspunkt

81

Der deutsche Gesetzgeber, so sehr er die Virtuosität Brüsseler Texte zu schätzen weiß, hat durchaus keinen Anlaß, sein Licht unter den Scheffel zu stellen. Die Renten beispielsweise sind so sicher wie die Verbindlichkeit des **Paragraphen 2 Abs. 2 des 21. Rentenanpassungsgesetzes:**

»(2) Absatz 1 gilt nicht für Renten, bei denen § 1253 Abs. 2 Satz 5 allein oder in Verbindung mit § 1254 Abs. 2, § 1268 Abs. 2 Satz 2, § 1290 Abs. 3 Satz 3 letzter Halbsatz allein oder in Verbindung mit § 1265 a Absatz 3 Satz 2 letzter Halbsatz, § 1304 a Abs. 4 der Reichsversicherungsordnung, § 30 Abs. 2 Satz 5 allein oder in Verbindung mit § 31 Abs. 2 Satz 2, § 45 Abs. 2 Satz 2, § 67 Abs. 3 Satz 3 letzter Halbsatz allein oder in Verbindung mit § 42 a Abs. 3 Satz 2 letzter Halbsatz, § 83 a Abs. 4 des Angestelltenversicherungsgesetzes, § 53 Abs. 3 Satz 5 allein oder in Verbindung mit § 53 Abs. 5 Satz 2, § 69 Abs. 2 Satz 2, § 82 Abs. 3 Satz 3 letzter Halbsatz allein oder in Verbindung mit § 65 a Abs. 3 Satz 2 letzter Halbsatz, § 96 a Abs. 4 des Reichsknappschaftsgesetzes, Artikel 2 § 38 Abs. 3 Satz 4 zweiter Halbsatz des Arbeiterrentenversicherungs-Neuregelungsgesetzes oder Artikel 2 § 37 Abs. 3 Satz 4 zweiter Halbsatz des Angestelltenversicherungs-Neuregelungsgesetzes angewendet worden ist. «

Die Zukunft der deutschen Sprache ist der Paragraph. Eh der Leser sich's versieht, gerät er in eine verbale Grauzone, deren Vorzug darin besteht, daß kaum noch festzustellen ist, wo die Authentizität endet und die Parodie beginnt. Der Bund der Steuerzahler Nordrhein-Westfalen zitiert aus einem **Erlaß des Bundesfinanzministeriums,** der sich mit Weihnachtsartikeln befaßt, folgendermaßen:

Düsseldorf. Ein Plüsch-Nilpferd im Strumpf mit Weihnachtsmannmütze und mit einem gabensackähnlichen Behältnis, auch Stiefel oder Socke, ist ein Weihnachtsmann – zollrechtlich gesehen. Damit fällt das Plüsch-Nilpferd im Strumpf unter die Position 9505 des gemeinsamen Zolltarifs. Die ‚tatsächliche Möglichkeit einer anderweitigen Verwendung auch außerhalb der Weihnachtszeit wurde als für die Einreihung unschädlich erachtet'. In der Praxis bedeutet die Einstufung, daß für Weihnachtsnilpferde lediglich ein ermäßigter Zolltarif zu entrichten ist.

Bevor ich dieses Papier des Bundesfinanzministeriums aus dem Jahre 1995 kennenlernte, neigte ich ganz entschieden dazu, die folgenden **Arbeitsorganisationsrichtlinien über die Handhabung und Verwendung von Nadelbäumen kleineren und mittleren Wuchses, die in Diensträumen Verwendung als Dienstweihnachtsbäume finden (ArbOrgRichtl. Dwbm)** für einen Scherzartikel zu halten. Da diese **Arbeitsorganisationsrichtlinien** jedoch nicht allein vom Hessischen Minister der Justiz erlassen worden sind, sondern auch vom **Düsseldorfer Regierungspräsidenten** und anderen glaubwürdigen Verantwortungsträgern, scheint die Authentizität des Dokuments turmhoch über jeden Zweifel erhaben zu sein. Insider behaupten, ein Herr Willershausen vom Umweltreferat habe diese Öko-Dienstanweisung spaßeshalber als Faking in die Unterschriftenmappe des Regierungspräsidenten praktiziert. Ich nehme das zur Kenntnis, gebe aber zu bedenken, daß Düsseldorfer Verantwortungsträger dieses Dokument pflichtbewußt *auf Umsetzbarkeit prüften:*

DER REGIERUNGSPRÄSIDENT ▐▐▐▐▐▐▐

Postanschrift:
Der Regierungspräsident Düsseldorf, Postf. 300865, 4 Düsseldorf 30

An die
Staatl. Gewerbeaufsichtsämter

des Bezirks

Sprechtage nur montags und donnerstags

öffentliche Verkehrsmittel ab Hauptbahnhof:
Buslinie 726 bis Rheinterrasse
U-Bahn-Linie 79, 718 bis Klever Straße
Fernsprecher (0211) 4977 - 1 oder
(0211) 4977   Zimmer Nr.
(Durchwahl)
Bitte mein Zeichen in der Antwort angeben

Ihr Zeichen und Tag

Mein Zeichen   Düsseldorf

23. 1033

Betrifft:

Arbeitsorganisationsrichtlinien über die Handhabung und Verwen-
dung von Nadelbäumen kleineren oder mittleren Wuchses, die in
Diensträumen Verwendung als Dienstweihnachtsbäume finden
(ArbOrgRichtl. Dwbm, Fassung vom 26.11.1984)

1. Dienstweihnachtsbäume

Dienstweihnachtsbäume (Dwbm) sind Weihnachtsbäume natürlichen
Ursprungs oder natürlichen Bäumen nachgebildete Weihnachtsbäume,
die zur Weihnachtszeit in Diensträumen aufgestellt werden.

1.1 Aufstellen von Dwbm

Dienstweihnachtsbäume dürfen nur von sachkundigem Personal nach
Anweisung des unmittelbaren Vorgesetzten aufgestellt werden.
Dieser hat darauf zu achten, daß

    a) der Dwbm mit seinem unteren, der Spitze entgegengesetz-
       ten Ende in einen zur Aufnahme von Baumenden geeigneten
       Halter eingebracht und befestigt wird,

    b) der Dwbm in der Haltevorrichtung derart verkeilt wird,
       daß er senkrecht steht (in schwierigen Fällen ist ein
       zweiter Beamter hinzuzuziehen, der die Senkrechtstellung
       überwacht, bzw. durch Zurufe wie "mehr links, mehr rechts"
       usw. korrigiert),

    c) im Umfallbereich des Dwbm keine zerbrechlichen oder durch
       umfallende Dwbm in ihrer Funktion zu beeinträchtigenden
       Anlagen vorhanden sind.

-2-

1.2 Behandeln der Beleuchtung

Die Dwbm sind mit weihnachtlichem Behang nach Maßgabe des Amtsleiters zu versehen. Weihnachtsbaumbeleuchtung, deren Leuchtwirkung auf dem Verbrennen eines Brennstoffes mit Flammenwirkung beruht (sog. Kerzen), dürfen nur Verwendung finden, wenn

a) die Bediensteten über die Gefahren von Bränden in Diensträumen hinreichend unterrichtet sind und

b) während der Brennzeit der Beleuchtungskörper sich ein in der Feuerbekämpfung unterwiesener Beamter mit Feuerlöscher in Rufbereitschaft befindet

2. Aufführen von Krippenspielen und Absingen von Weihnachtsliedern

In Dienststellen mit ausreichendem Personal können Krippenspiele unter Leitung eines erfahrenen Vorgesetzten zur Aufführung gelangen. Zur Besetzung sind folgende in der Personalplanung vorzusehende Personen notwendig:

Maria: Mögl.weibliche Bedienstete oder ähnliche Person
Josef: Älterer Beamter mit Bart
Kind : Kleinwüchsiger Beamter oder Anwärter
Esel und Schafe: Geeignete Beamte aus verschiedenen Laufbahnen
Heilige drei Könige: Sehr religiöse Beamte

Zum Absingen von Weihnachtsliedern stellen sich die Bediensteten unter Anleitung des Behördenleiters ganz zwanglos nach Dienstgraden geordnet um den Dwbm auf. Evtl. vorhandene Weihnachtsgeschenke können bei dieser Gelegenheit durch einen Vorgesetzten in Gestalt eines Weihnachtsmannes an die Amtsangehörigen verteilt werden.

Im Auftrag

Die soziale Hängematte

Es muß auch ein Menschenrecht geben, nicht zu
arbeiten und sein Geld mit Betteln zu verdienen.
Diese Möglichkeit gab es in der DDR ja nicht.
Konrad Weiß, Menschenrechtler

Graphologen, Graphiker und Graphomanen sind
gleichermaßen begeistert von meiner energischen Hand-
schrift. Besonders meine Unterschrift hat es ihnen angetan,
diese, schwärmen sie, sei die Paraphe eines Siegertyps,
eines Mannes, der nach Bonn gehört, in die große Politik.
Ich höre das gern, bekenne aber den leider nur sehr gerin-
gen Wert meiner Unterschrift.
Schon die freudlose schwarze Farbe meines Kugelschrei-
bers verrät dem Kenner, daß ich bloß ein kleines Licht bin
und nicht einer jener glänzenden Politiker, die ein so dickes
Fell haben, daß sie auch ohne Rückgrat aufrecht stehen
können zu einer Gesinnung ihrer Wahl. Wäre ich dagegen
Minister, ich wäre ermächtigt, meine verschriftlichten Ent-
würfe schwungvoll mit Grünstift abzuzeichnen.
Verbindlich regelt § 18 der *Gemeinsamen Geschäftsord-*
nung der Bundesministerien, daß auch für Randvermerke
auf Akten nur Minister einen Grünstift benutzen dürfen.
Der Staatssekretär darf, ohne daß politischer Argwohn auf-
keimt, rot signieren, der Parlamentarische Staatssekretär
violett. Unterabteilungsleiter, in der Hierarchie zwei Stu-
fen niederer, müssen mit kackigem Braun vorlieb nehmen.
Was will ich damit sagen?
Ich will damit sagen, daß man das, was geschrieben steht,

gar nicht genau genug unter die Lupe nehmen kann, zum Beispiel das sogenannte Kleingedruckte, wie man gewiß auch nichts verkehrt macht, wenn man sich das, was so gesprochen wird, möglichst genau anhört.

Beispiel: Wer, ganz gleich, aus welchen Gründen, mehr oder weniger freiwillig, mit oder ohne Sozialplan, mit oder ohne Abfindung oder Konkursausfallgeld, sein Arbeitsverhältnis beendet, erhält entweder einen *Beschäftigungsnachweis*, ein *einfaches Zeugnis* oder gar ein *qualifiziertes Zeugnis*. Dieses Werk aus dem Computer eines Personalchefs ist der Vorschrift gemäß die Wahrheit und nichts als die Wahrheit.

 „Herr Direktor, mein Gehalt entspricht absolut nicht meinen Fähigkeiten!"
„Weiß ich, Plötzke, weiß ich, aber ich kann Sie doch nicht verhungern lassen."

In deutschen Arbeitszeugnissen sind Lügen, Flunkereien und Schönrednerei strengstens verpönt! *Globales Pricing* zu *globalem Costing* erzwingt, wie wir alle wissen, zunehmend die Optimierung des *Humankapitals* und die personelle *Verschlankung* des *Standorts Deutschland*. So gesehen, ist es für jeden pflichtorientierten Arbeitnehmer süß und ehrenvoll, aus seiner Firma ausgeschieden zu werden. Aber! Er hat grundsätzlich ein grundgesetzlich verbrieftes Recht auf ein *Zeugnis*, das seine ferneren Chancen auf dem Arbeitsmarkt final ruiniert. Nun ist jedoch selbst der qualifizierteste Arbeitnehmer nicht annähernd so qualifiziert, daß er ein *qualifiziertes Zeugnis* dechiffrieren könnte, auch wenn er infolge gesunden Selbstbewußtseins meint, er sei Detektiv genug, derartige Schriftsätze kraft seiner grauen

Zellen ohne fremde Hilfe zu durchschauen, wie etwa Meister Lampe mit seinen vier (in Ziffern: 4) Läufen dem Weidmann sich überlegen wähnt, welcher im Gegensatz zu ihm, dem vierläufigen Mümmelmann, nur über zwei, maximal drei Läufe gebietet.

 Der Chef: „Sie kommen diese Woche schon das fünfte Mal zu spät zur Arbeit! Was sagen Sie dazu?" –

„Ich schließe daraus, Chef, daß heute Freitag ist."

Der freizusetzende Arbeitnehmer steht auf dem Prüfstand, und seine Bonität wird in jedem *rechtssicher formulierten* Zeugnis nach Noten bewertet:

Leistungsbeurteilung	Note
* Der Mitarbeiter hat die ihm übertragenen Aufgaben **zu unserer vollsten Zufriedenheit** erledigt.	sehr gut (1)
* Der Mitarbeiter hat die ihm übertragenen Aufgaben **stets zu unserer vollen Zufriedenheit** erledigt.	gut (2)
* Der Mitarbeiter hat die ihm übertragenen Aufgaben **zu unserer vollen Zufriedenheit** erledigt.	befriedigend (3)
* Der Mitarbeiter hat die ihm übertragenen Aufgaben **zu unserer Zufriedenheit** erledigt.	ausreichend (4)
* Der Mitarbeiter hat die ihm übertragenen Aufgaben **im großen und ganzen zu unserer Zufriedenheit** erledigt.	mangelhaft (5)
* Der Mitarbeiter bemühte sich, die ihm übertragenen Aufgaben **zufriedenstellend** zu erledigen.	ungenügend (6)

Aus dieser von Glück und Zufriedenheit geprägten Tabelle lernen wir, daß nicht alles so schmeichelhaft ist, wie es auf den ersten Blick zu sein scheint.

Wer *alle Arbeiten ordnungsgemäß erledigt*, tut nicht mehr als zur Not gerade das, was ihm aufgetragen worden ist – eine tadelnswerte Genügsamkeit.

Zeigt jemand *für die Arbeit Verständnis*, heißt das: Er ist ein faules Schwein. Bescheinigt dir dein Personalchef *großes Einfühlungsvermögen*, hält er dich für einen Schürzenjäger und Busengrapscher.

Herr X.Y. bemühte sich, den Anforderungen gerecht zu werden ... Zu deutsch: X.Y. hat kläglich versagt.

Durch seine Geselligkeit trug er bei zur Verbesserung des Betriebsklimas: Er neigte zur Sauferei.

Wir lernten Herrn X.Y. als umgänglichen Kollegen kennen: Wir sahen ihn lieber gehen als kommen.

Die Floskel *beharrliches Durchsetzungsvermögen* signalisiert einen Querdenker, Dazwischenfunker und notorischen Unruhestifter, der es ablehnt, sich dem Boss auf breiter Schleimspur zu nähern, um sich den heiß ersehnten rektalen Zugang zu erkämpfen.

Demokratischer Führungsstil bei leitenden Mitarbeitern ist ein vernichtendes Weichei-Delikt.

Aber natürlich wird hier und heute nichts so heiß gegessen, wie es gekocht wird. Es spricht zweifellos für unsere freiheitlich-demokratische Wirtschaftsdiktatur, daß sich nun nicht gleich jeder einzelne Bundesbürger lang und breit mit den allerletzten kryptischen Redundanzarabesken der deutschen Zeugnissprache befassen muß. Wie bei *Wohnungslosen* jede, auch die einschneidendste, Mieterhöhung wirkungslos verpufft, geht dem Arbeitslosen die ganze Personalrabulistik voll am Gesäß vorbei.

 Der Schnorrer an der Haustür: „Könnte ich wohl ein Stück Kuchen haben?" –

„Warum denn gleich Kuchen?! Brot ist Ihnen wohl nicht gut genug!" –

„Doch, das schon, aber ich habe heute Geburtstag ..."

Wußten Sie schon, daß es Armut gibt in Deutschland?! Ich weiß es aus sicherer Quelle. Und ich frage mich: Woher kommt sie, die Armut? Wer hat sie erfunden? Wem nützt sie? Wer steckt dahinter? Als Verursacher ermittelte der Verfassungsschutz eine dubiose Randgruppe, die bereits seit längerem in einschlägigem Verdacht stand: die Arbeitslosen. Wie entsteht Arbeitslosigkeit?

Arbeitslosigkeit entsteht, nach Ludwig Erhard, wenn entweder die Nachfrage nach Arbeitskraft zu gering oder das Angebot an Arbeitskraft zu groß ist.

Der *Pfälzische Merkur* sieht es so:

Maßgeblich für die Zunahme der Arbeitslosigkeit waren zum einen die Arbeitslos-Meldungen und zum anderen ein längerer Verbleib in der Arbeitslosigkeit.

Und noch etwas: Arbeitslosigkeit ist unerträglich! Eine Geißel der Menschheit! Eine Konjunkturbremse erster Ordnung! Der Krebsschaden der Binnennachfrage! Jedoch gilt noch immer:

1. Wer Arbeit sucht, der findet auch welche.
2. Der Weg in die Selbständigkeit steht jedermann offen.

Kürzlich sandte mir das *Redaktionsbüro Geld und Finanzen (RGF)* aus Bonn seinen *Anders-Geldmachen-Informationsbrief* und teilte mir darin am Beispiel von Gerhard S.

91

(41) mit, wie's gemacht wird. Gerhard S. (41), Sammel-Zocker aus Köln-Marienburg, besorgte sich alle möglichen Hobby-Zeitschriften, klapperte mit seinem schrottreifen Opel-Kadett Hunderte Flohmärkte und Tauschbörsen ab und entwickelte dabei eine leistungsfähige Spürnase für Sammel-Trends. Diese Nase vergoldete er in kürzester Zeit. Er verscheuerte u. a. ...

... die Erstausgabe der Bildzeitung vom 24. Juni 1952; Verkaufspreis 1952: 10 Pfennig, für 25 000 Mark.

... die MÄRKLIN-Spielzeug-Lokomotive *Krokodil* aus dem Jahre 1950; Preis 1950: 50 Mark, Wert heute: 40 000 Mark.

... ein 1-Pfennig-Stück aus dem Jahre 1946 für 375 Mark.

Original-Ton Gerhard S.: „Ich mache nur das, was erfolgreiche Unternehmer auch machen: Ich bringe Nachfrage und Angebot zusammen. Wenn ich investiere, in was auch immer, gehe ich ein Risiko ein. Und wenn ich die Sachen dann mit hundert oder auch ein paar tausend Prozent Gewinn verkaufe, dann ist das der Lohn für das Risiko, das ich eingegangen bin."

Ein Beispiel, das Schule machen sollte. Doch es gibt natürlich noch andere bewährte Methoden, die wir, wenn wir nur aufmerksam genug lesen, in der Presse entdecken können:

Berliner Zeitung vom 1.8.1996

Arbeiterwohlfahrt klebt Plakate gegen die Armut

Oder:
> **Der Arbeitslosenverband Deutschland hat eine Gedenkmünze zum 70. Geburtstag von Marilyn Monroe herausgebracht Auf dem goldenen Edelmetall schimmern die nackten Beine und weht das sattsam bekannte Röckchen. Die Monroe habe zwar auch Not kennengelernt, verkörpere aber Lebensfreude und Lebenslust, und genau daran mangele es den Arbeitslosen, so der Verband. Deswegen gehen auch 12 DM des Kaufpreises von 198 DM an die Organisation.**
>
> *taz, Berlin, 14.5.1996*

Offiziell arbeitslos übrigens ist nach dem Gesetz nur, wer Arbeitslosengeld oder Arbeitslosenhilfe abkassiert. Kurzarbeiter, Teilnehmer an Fortbildungs- und Umschulungskursen, an Arbeitsbeschaffungsmaßnahmen, Vorruheständler und Empfänger von Altersübergangsgeld und sonstige Sozialkleptomanen sind nach der Definition der Nürnberger Bundesanstalt glücklicherweise nur *unterbeschäftigt*, wodurch sich die Erwerbslosenzahl auf erfreuliche 5 Millionen verringert, wenngleich wir an eines jederzeit denken wollen:

Jeder einzelne Arbeitslose ist ein Arbeitsloser zuviel!

Und überhaupt ist Arbeitslosigkeit in Deutschland streng verboten! 1966 schlossen die Vereinten Nationen den *Internationalen Pakt über wirtschaftliche, soziale und kulturelle Rechte*, der den ArbeitnehmerInnen der ganzen Welt

    1. das Recht auf Arbeit,

    2. das Recht auf gerechte Arbeitsbedingungen und

    3. das Recht auf soziale Sicherheit garantiert.

Diesem Pakt ist die Bundesrepublik 1973 beigetreten. Politik und Tarifpartner haben inzwischen damit begonnen, das Vertragswerk mit Leben zu erfüllen.

Auf dem Arbeitsamt: „Fein, daß Sie endlich mal wieder reinschauen! Ich wollte Ihnen schon längst mal sagen, daß Sie laut UNO-Pakt ein Recht auf Arbeit haben."

Erwerbsloser: „Na prima! Aber wissen Sie, eigentlich bin ich gar kein sonderlich rechthaberischer Mensch ..."

Da das Grundgesetz bisher weder das Recht auf Arbeit noch das Recht auf Wohnung fixiert, sollte in der deutschen Verfassung demnächst wenigstens das Recht jedes Deutschen auf einen Parkplatz festgeschrieben werden.

Doch vergessen wir bei aller Vorfreude nicht, wohin die Reise geht: Der Sozialstaat wird neu vermessen, Herrschaften!

Die Frage lautet: Sollen die Ärmsten der Armen noch ärmer werden?

Antwort: Ich denke, ja!

Warum? Weil sonst die Gefahr bestünde, daß die Reichsten der Reichen nicht mehr reicher würden. Es geht um steueroptimierte Privatisierung der Gewinne und breitgefächerte Sozialisierung der Verluste. *Arbeitsplätze sind inzwischen ein so hohes Gut geworden, daß die Arbeitnehmer eigentlich dafür zahlen müßten*, und zwar nicht zu knapp.

„Herr Doktor, hat das Medikament, das Sie mir verordnet haben, auch Risiken und Nebenwirkungen?" –

„Allerdings! Sie müssen stark damit rechnen, daß Sie wieder arbeitsfähig werden."

Der Dauerruf der Sozialfanatiker nach *sozialer Gerechtigkeit* ist ebenso fehl am Platze wie *Vollkaskomentalität, irrationaler Pessimismus* oder *soziale Weinerlichkeit.* Die sozialen Sicherungssysteme sind reformbedürftig und müssen *aus der tödlichen Umarmung eines überholten Vollbeschäftigtenideals befreit werden.* Alexander von Stahl (FDP), Ex-Generalbundesanwalt, hat das Problem schlüssig auf einen zukunftsträchtigen Nenner gebracht: *Mehr Freiheit als Gleichheit!*
Ich allerdings frage: Muß denn die Gleichheit gleich soweit gehen, daß achtzig Millionen Deutsche haargenau die gleiche Anzahl von Unterhosen zum Wechseln haben?!

Hierzu ein Urteil des **Verwaltungsgerichts Braunschweig** (AZ 3 A 3020/94):
Sozialämter brauchen kein Geld für weitere Unterhosen zu bewilligen, wenn eine Hilfeempfängerin über sechs Garnituren Unterwäsche verfügt. Der Bekleidungsbedarf ist damit angemessen gedeckt.

Gedeckt ist nicht nur der Bekleidungsbedarf der Hilfeempfängerin, gedeckt ist auch das Braunschweiger Urteil selbst, und zwar durch die Auffassung eines Beamten aus dem Bundesgesundheitsministerium, der in der maßvollen „Wäschewechselhäufigkeit unterer Einkommensgruppen" ein willkommenes Einsparpotential für die Sozialhilfe erblickt.
In unserer Republik, behaupten böse Zungen, werden die Reichen reicher und die Armen zahlreicher. Lassen wir das nach Artikel 5 GG als Meinung einfach mal so stehen.
Also, ich weiß ja nicht, wie es Ihnen geht – ich für meine Person liebe ganz außerordentlich das leise, knisternde

Geräusch, das beim Zählen *frischgepreßter* Tausendmark-scheine entsteht. Geld allein macht nicht unglücklich, Freunde.

In Deutschland ist die Millionärsdichte weiter im Steigen begriffen. Millionenbeträge sind inzwischen so alltäglich, daß sie nur noch *Mios* genannt werden. Ganze Rudel streunender Millionäre machen die Bahnhöfe unsicher; schon fordern verzweifelte Bahnhofspenner Polizeischutz gegen Almosenterror und Sozialaltruismus.

Einer Statistik des Bundessozialministeriums zufolge gibt es *in unserer Republik* mehr als eine Million Haushalte mit einem Privatvermögen von mehr als einer Million DM.

Und die Verteilung der Kohle ist, wie das Bundessozial-ministerium versichert, *gleichmäßiger* geworden. Dieser Statistik wollen wir, obwohl wir sie gar nicht selbst gefälscht haben, ausnahmsweise trauen. In ihrem rationellen Kern übertrifft sie die klassische Aussage zum Suchtverhalten deutscher Schüler; früher beherrschten durchschnittlich 70 Prozent aller Schüler Klimmzüge, heute beherrschen bereits 80 Prozent aller Schüler Lungenzüge. Dies alles pflegen *die Medien* zu unterschlagen. Wie übrigens auch fast alle *good news* aus der Haute Cuisine: Gesponsert von der Maggi-Heißhungerberatung, kochen die besten Fünf-Sterne-Köche Deutschlands unter der Leitung von Alfred Biolek demnächst voll engagiert gegen den Hunger in der dritten Welt. Und die meisten Hundehalter wissen bis heute nicht, daß es inzwischen eine reiche Kochbuchliteratur für alphabetisierte Hunde gibt, die jedes Wort verstehen. Besonders zu empfehlen:

Kochen für den Hund (Knaur-Verlag, 184 Seiten, Preis: 15,90 DM), ein Werk, das eine Kollektion von 130 Rezepten für den vierbeinigen Feinschmecker in sich vereint,

spitzenmäßige Gerichte wie *Pawlows Entzücken, Pudel-Polenta* und *Setters Tolle Trendsetter-Pizza.*

„Chef, ich bitte um eine Gehaltserhöhung; mit dem, was ich hier bei Ihnen verdiene, kann ich keine großen Sprünge machen." –

„Sollen Sie auch nicht, ich hab Sie als Verkäufer eingestellt und nicht als Känguruh."

Deutschland ist ein *Sozialstaat i. U. (im Umbau)*, darum muß die Frage erlaubt sein, welche Spielart der *kollektiven Daseinsvorsorge* wir uns überhaupt noch leisten können. Sollten die *Mittel* nicht endlich auf *die wirklich Bedürftigen* konzentriert werden? Eine *zeitsouveräne Teilarbeitskraft*, die dem Staat auf der Tasche liegt, setzt sich dem Verdacht des *Sozialmißbrauchs* aus, doch kann die leichtfertige Annnahme, das Sozialamt werde auch ausgefallene, um nicht zu sagen, unbescheidene Wünsche erfüllen, eine tödliche Illusion sein, vor allem in der kalten Jahreszeit.

Ein **Sozialamt in Nordrhein-Westfalen** verweigerte einem Obdachlosen, den wir hier mal einen Wohnungslosen nennen wollen, den finanziellen Zuschuß zu einem Schlafsack, und zwar aus humanitären Gründen. Weil nämlich der Schlafsack *als Hausrat* gilt, den ein Wohnungsloser, solange Logik *Sinn macht*, natürlich gar nicht beanspruchen darf! Hätte das Sozialamt dem Wohnungslosen den Zuschuß zum Schlafsack tatsächlich zugestanden, so hätte es seine *Behelfsunterkunft* akzeptiert; dies jedoch ist strikt untersagt, weil eine *Behelfsunterkunft* von Amts wegen mit der *Würde des Menschen* nicht vereinbar ist.

Der Ausgleich staatsbürgerlicher Interessen ist die vornehmste Aufgabe des Sozialstaats. So gesehen, hält das folgende Präzendenzurteil des **Landgerichts Frankfurt/ Main** jeder böswilligen Kritik stand:

Die Anwesenheit einer Gruppe von 25 geistig und körperlich Schwerbehinderten stellt einen zur Minderung des Reisepreises berechtigenden Mangel dar. Es ist nicht zu verkennen, daß eine Gruppe von Schwerbehinderten für einen empfindsamen Menschen eine Beeinträchtigung des Urlaubsgenusses darstellen kann. Daß es Leid auf der Welt gibt, ist nicht zu ändern; aber es kann dem Reisenden nicht verwehrt werden, daß er dies während des Urlaubs nicht sehen will.

In der Tat hat der Reisende, ebenso wie der Daheimgebliebene, ein Recht auf den Anblick gesunder, schöner, erfolgreicher Menschen (Claudia Schiffer, Steffi und Peter Graf, Schumi Eins und Schumi Zwo, Harald Juhnke, Dirk Bach, Norbert Blüm, Cromme, Guido Westerwelle, Heino, Peter Hahne, Mutter Beimer, unser Lehrer Specht, Ferdinand Piëch). Diesen Menschen, die nichts dafür können, neidet Otto Normalverdiener nicht allein ihre Wohlgestalt, sondern auch ihren Hedonismus und mehr noch ihren bescheidenen Reichtum.

Genau *dies ist der Punkt!*

Otto N. meint, sie hätten für nur wenig Arbeit unverdient üppig abkassiert. *Der Sozialneid,* so der Chefredakteur einer namhaften deutschen Wirtschaftszeitschrift, *macht in diesem Land aber auch vor gar nichts halt. Dabei,* schreibt er, *beruht der deutsche Sozialneid, die allgegenwärtige Forderung nach sozialer Gerechtigkeit, auf einem grundlegenden ökonomischen Irrtum: Der Wert eines Gutes oder einer Dienstleistung hängt nicht von den objektiven Herstellungskosten ab, sondern von den subjektiven Einschätzungen des Verbrauchers. Wenn Schwimmstar Franzi van Almsick 14 Millionen Mark Werbegelder kassiert, dann nicht, weil sie soviel Schweiß vergießt, sondern weil so viele sie süß finden.*

Es sei Quatsch, schreibt er, den Wert eines Gutes nach der Arbeit, die drinsteckt, zu bemessen. *Wer so denkt, muß – wie Karl Marx – folgerichtig auch annehmen, daß die Arbeiter von den Kapitalisten ausgebeutet werden.*

*

Da sei John Maynard Keynes vor, dessen verabscheuungswürdiges Aperçu über den Kapitalismus wir mit aller uns zu Gebote stehenden Entrüstung verabscheuen wollen:

Er (der Kapitalismus) *basiert auf der merkwürdigen Überzeugung, daß widerwärtige Menschen aus widerwärtigen Motiven schon irgendwie für das allgemeine Wohl sorgen werden.*

Vom Zauber der posttotalitären Melancholie

In der DDR hatte, glaube ich, niemand ein Telefon.
Nur irgendwelche SED-Menschen oder so ...
Hans Meiser, RTL

Häuptling Großer Bär, der Regierende Hauptstadt-
neurotiker Eberhard Diepgen, hat es satt. Das Ost/West-
Gerede steht ihm bis Oberkante Unterlippe; er zeigt Ost und
West die Instrumente und profiliert Berlin entschlossen
zum *Ost/West-Kompetenzzentrum.* Anfang 1997 startete er
mit symboltriefendem Pinsel die Aktion *Völker der Welt,*
schaut auf diesen Strich; die Streicher der Aktion empfinden es ebenso wie die Bläser der Aktion als Herzenssache,
zwanzig Kilometer Berliner Straßenpflaster, auf dem einst
die deutsch-deutsche Grenze verlief, durch einen roten
Farbstreifen zu markieren.
Dieses Heimwerkerethos in Ehren, aber! Was wollen uns
die Künstler damit sagen? Wie lautet die Messitsch, die sie
rüberbringen wollen auf dem Strich?
Berlin will und will einfach nicht *zusammenwachsen*, Gott
sei's geklagt. Eine Gesellschaft für deutsch-deutsche
Freundschaft ist noch immer nicht aus der Taufe gehoben
worden. Selbst berlinspezifisch formulierte Partneranzei-
gen verfangen nicht: Ost-Bock sucht West-Zicke zum
gemeinsamen Meckern über die Verhältnisse.
Als das Statistische Landesamt besorgt meldete, 1995 seien
in Berlin nur herzlich wenige Ost/West-Mischehen geschlossen worden, erschrak Diepgen zu Tode.

Schleunigst erteilte er ein paar Mitarbeitern den Auftrag herauszufinden, wie viele Ehen 1995 denn im Vergleich dazu eigentlich zwischen ReinickendorferInnen und SteglitzerInnen, also innerhalb des, wie Eberhard Diepgen gern sagt, *Westteils der Stadt*, geschlossen wurden.

Ergebnis: nullkommanix! Keine einzige! Diepgen im Polit-Orgasmus: *Sehnse, in unserer Stadt existiert sogar ein Nord/Süd-Problem!*

*

Hat es die Vereinigung der Bundesrepublik Deutschland mit dem Geltungsbereich der Deutschen Reichsbahn tatsächlich gegeben? Vielleicht. Nichts ist unmöglich. War das etwa damals dieser, wie die Kabarettisten raunten, deutsch-deutsche Inzest, diese Vereinigung von Brüdern und Schwestern, dieses Volksfest mit Talk-Schau, Kettenkarussell und Bockbier, diese deutsch-deutsche Besoffenheit, der die deutsch-deutsche Betroffenheit auf dem Fuße folgte – mit Phantomschmerz und Strafrente?

Hat es die DDR überhaupt gegeben? Das Kollektiv der sozialistischen Arbeit? Das Brigadetagebuch? Den Frauenruheraum? Tempolinsen? Bückware? Rundstrickhosen, Dederonbeutel, Malimo-Handtücher, Waren des täglichen Bedarfs, Heringshappen aus Makrelenfilet?

Wer weiß ...

Experten haben inzwischen so viel Dunkel auf diesen Gegenstand geworfen, daß wir, wie Mark Twain sagen würde, bald gar nichts mehr darüber wissen werden. Immerhin gibt es ein paar Leute, die steif und fest behaupten, sie seien dabeigewesen.

103

Wir wollen alle unbeirrt, dass unsere Welt noch schöner wird.

Sie berichten schlimme Sachen von den lächerlichen, menschenverachtenden Losungen und Parolen des Arbeiter-und-Bauernstaates:

> Vorwärts zum VIII. Parteitag!
> Vorwärts zum IX. Parteitag!
> Vorwärts zum X. Parteitag!

Jeder volle Sack – ein Schlag gegen die Kriegstreiber!
Es liegt in deine Hände / verhüte Brände!
Frauen und Mädchen ran / im Wettbewerb von Mann zu Mann! Hau mit uns in eine Kerbe / Wohlstand wächst durch Wettbewerbe!
Durch marxistisch-leninistische Weiterbildung zu sozialistischen Pionier- und Spitzenleistungen! Eine Losung, die wegen ihrer orientalischen Ausführlichkeit gern als Abk. dargeboten wurde:
Durch Ma.-Le.-Wei.-Bi. zu soz.-Pi.-Spi.-Lei.!
Wie großartig schneiden dagegen die funkelnden Sichtwerbungsaphorismen der neunziger Jahre ab, für die völlig zu Recht Wahnsinnshonorare abgedrückt werden:

McDonalds ist einfach gut!!!
Katzen würden Whiskas kaufen!!!
Nichts geht über Bärenmarke!!!
Haribo macht Kinder froh und Erwachsne ebenso!!!
Alles Müller oder was???
Auf diese Steine können Sie bauen – Schwäbisch Hall!!!
CAREFREE-Slipeinlagen mit dem Morgenfrischegefühl ...

*

Mündlich weitergegeben von Hutzenohmd zu Hutzenohmd wurden *in den Südbezirken* die Epigramme einer erz-
gebirgischen Dichterlegende! Arthur Schramm, der, wäre
er nicht schon begraben, heute für sich in Anspruch nehmen könnte, neben Lutz Rathenow der einzige Dichter in
den Farben der DDR gewesen zu sein, der nie den Natio-
nalpreis bekam – trotz poetisch-lakonischer Sprachkunst-
werke wie der folgenden:

Schaut nur, wie die Sonne lacht –
das hat die SED gemacht.

Der Kumpel aus dem Schachte kriecht –
glückauf, der Sozialismus siegt!

Sommer, Sonne, Wellenpracht,
Badehose, Sowjetmacht.

Was leuchtet aus dem Wald heraus?
Das Bergarbeiterkrankenhaus!

Die Sonne scheint ins Kellerloch,
ach, laß sie doch, ach, laß sie doch ...

Es hat sie wohl doch gegeben, die Deutsche Problematiche Republik, auch wenn der *Rollrasen des Vergessens* sie deckt. Dieser und jener erinnert sich sogar noch ihres Banners – schwarz-rot-gold und in der Mitte ein Problem, Hammer und Zirkel im Ährenkranz. Das bestätigen auch all die Erniedrigten und Beleidigten, die seit 1990 leidenschaftlich gegen die Diktatur kämpfen, die bereits 1989 in der Geschichte eingegangen ist.

Am verläßlichsten, scheint mir, sind die Auskünfte der Unbeteiligten, die erst kürzlich wieder einen ganz besonders teuflischen Plan der Stasi offenlegten, nämlich den, politische Gegner mittels Tollwutviren zu liquidieren; ein stalinistischer Arzt aus Schwerin soll im Stasiauftrag sogar ein siebzehnseitiges Gutachten zur *Ausnutzung der Tollwut für Tötungsverbrechen und zur Verschleierung der Todesursachen* hergestellt haben. Stellnse sich mal vor, Frau Pfitzner!

Uneingeschränkt plausibel ist deshalb das folgende Urteil des Landesarbeitsgerichts Berlin: „Eine Stasi-Mitarbeiterin, die im Rang eines Oberfeldwebels Küchendienste (Kartoffelschälen) für ihr Ministerium verrichtet hat, ist als Sachbearbeiterin für Hundesteuer in der Finanzverwaltung untragbar."

*

Nach all dem Bösen, das der Ostler sich in vierzig Jahren hat zuschulden kommen lassen, möchte er nun vor allem gut sein, gut, gut und nochmals gut. Man erkennt ihn unschwer an der Manie, wildfremden Menschen zuvorkommend die Türen aufzuhalten und ihnen minutenlang die Hände zu schütteln. Und von Meldungen wie der folgenden kann er gar nicht genug kriegen:

Eine Untersuchung des Statistischen Bundesamts belegt: Ostväter sind ehrlicher. Während in den neuen Ländern 93,6 Prozent der als Väter angegebenen Männer freiwillig die Vaterschaft anerkannten, fiel die Quote im Westen um glatte 10 Prozent niedriger aus.

Der Ostler wird immer mal wieder befriedigt durch das Gießener Sigmund-Freud-Institut, das immer mal wieder bekanntgibt, der Ostdeutsche sei *besser im Bett* und könne *seinen Partner besser befriedigen.*
Und auch Bundespräsident Roman Herzog findet, bürgernah und bescheiden wie immer, für seine Ostler ein paar liebe Worte: „Die Menschen in Ostdeutschland vertrauen mir in sehr starkem Maße, und ich glaube, sie verdienen es auch, daß man sich um sie bemüht."

Längst sind die zärtlichen Begriffe *Wessi* und *Ossi* aus der Mode gekommen. Kalt und herzlos heißt es nun *Ostler* und *Westler*, obwohl es doch ebensogut heißen könnte: *Bewohnerinnen und Bewohner der fünf Neuen Bundesländer* sowie *Bewohnerinnen und Bewohner der elf Alten Bundesländer*, wobei letzteres aber bestenfalls die mindere Akzeptanz des Begriffs BRD genießt, den uns blauäugige Trottel seit langem mit einem scheinbar harmlosen Wortspiel schmackhaft machen wollen: Wer ARD sagt, muß auch BRD sagen!*

„Die Kurzbezeichnung BRD", heißt es in einer acht Manuskriptseiten starken Weisung des Auswärtigen Amtes an seine Auslandsvertretungen, „sollte im internationalen Verkehr von uns auch in Zukunft nicht verwendet werden." Ganz besonders wichtig ist es für alle Zonendödel, endlich *in der Bundesrepublik anzukommen*, das heißt vor allem: die Anzugsordnung beachten! Keine braunen Schuhe nach achtzehn Uhr! Keine Kreppsohlen zum offiziellen Geschäftsanzug! Weiße Socken nur zu weißen Schuhen <u>und</u> weißen Hosen! Sich sprachlich notdürftig anzupassen, den *Goldbroiler* wegzulassen und die Vokabel *Stechuhr* durch den Begriff *Zutrittskontroll- und Zeiterfassungssystem* zu ersetzen, reicht bei weitem nicht.

Drei original-thüringische Richter beschlossen, Einkommenswestler zu werden und 100 Prozent Gehalt abzugreifen. Da sie ihr zweites Staatsexamen direkt vor Ort in Know-how-Country bestanden hatten, frohlockten sie, weil

---

*) Der SPD-Ostpolitiker Egon Bahr berichtet von einer Sprachregelung, die er bei seinen Gesprächen mit DDR-Verhandlungspartnern zu befolgen hatte: „Wir durften nicht ‚DDR' sagen. Ich sage: Was ist das für ein Quatsch, wie sollen wir die andere Seite denn nennen? – Na, *andere Seite*!"

Der Haushaltslocher

sie sich für die 100 Prozent hinreichend qualifiziert wähnten.

Da mußten die weisen Kollegen des Bundesverwaltungsgerichts aber doch mal herzlich lachen. Wehret den Anfängern! sprachen sie und entschieden in letzter Instanz: Da die drei Dödeljuristen nicht ihre *gesamte* juristische Ausbildung im Westen erworben haben, bleiben sie, was sie sind: *kleine Ossi-Schlusen!*

Pardon, Pardon! Diese ungeheuerliche Injurie nehme ich mit dem Ausdruck des Bedauerns zurück; ich bitte darum, sie aus dem Protokoll zu streichen, weil ich unnötige Kosten vermeiden möchte. Im Vollrausch des Verkehrsgeschehens bezeichnete ein Kraftfahrer aus Berlin/West einen Ostberliner Kollegen als *kleine Ossi-Schluse* und landete mit dieser Schmähung vor Gericht, Ergebnis: 2550 Mark Geldstrafe.

Der Westen kann ja so gemein sein! Astronomen entdeckten kürzlich in einer Entfernung von 35 Lichtjahren zwei bisher unbekannte Planeten, auf denen sie primitives Leben für möglich halten. Der Fernsehkabarettist Harald „Leetneit" Schmidt hatte auch gleich Namen parat für diese weit hinterm Monde gelegenen Immobilien, nämlich *Mecklenburg* und *Vorpommern.* Ein Hautarzt in Quickborn bei Hamburg schreibt im Jahre 1997 eine Stelle folgendermaßen aus:

Nettes Praxisteam erwartet Ihre Bewerbung.
Mittlere Reife erwünscht.
Ostzonale wollen von Bewerbungen
Abstand nehmen.

Ostzonale, sagt der Westdeutsche, sind *durchsetzungsschwach, lahmarschig, nicht auf der Höhe von Fortschritt und Mode*. So berichtet es die Zeitschrift SUPER-ILLU aus dem Hause Burda, die es nach eigenem Bekunden gut meint mit dem Ostler und leidenschaftlich für ihn kämpft, trotzdem aber die Ansichten von Kommunikationswirtin Nike Hart (27) aus München druckt, die Ostdeutsche *eher passiv, träge und faul strukturiert* findet.

Demütigungen über Demütigungen prasseln nieder auf die Bewohnerinnen und Bewohner der *Darniederlande*. Da ist es nur ein schwacher Trost, daß der 800 Zentner schwere supermonumentale Karl-Marx-Bronzenischel im ehemaligen Karl-Marx-Stadt, der jahrelang in wohlverdientes Dunkel gehüllt war, inzwischen wieder elektrisch beleuchtet wird. Diese Illumination erinnert den Chemnitzer bloß wieder an die schlimmen Praktiken des Erblassers Karl Marx, der den Westlern das Kapital hinterließ, den Ostlern dagegen das lausige Kommunistische Manifest.
Selten, allzu selten sagt einer, was endlich mal gesagt werden muß! Der Ostler als solcher, sagt der Publizist Peter Bender, ist ein *unbewußter Sozialist* und hat den Kopf voll von den egalitären Flausen der Likedeeler; *er will unter sich keine Knechte sehn und über sich keine Herrn*; ihm imponieren weder Dax-Rekorde und explodierende Unternehmergewinne noch explodierende Arbeitslosenzahlen.
Einer, der sich an den verbalen Geißelungen der edlen Neubundesbürger gleichfalls nicht beteiligen mag, ist der berühmte Kunstprofessor Bazon Brock aus Wuppertal. Er schrieb in einer bunten Illustrierten, was endlich mal geschrieben werden mußte:

UNVERGESSENE ALTE ZEIT

Zusammenkunft aller Freunde zur Förderung der Gemeinschaft und des Kollektivs

GEMEINSAM STATT EINSAM

1/2 Tagesfahrt zum

Original Mecklenburger

"Kessel Buntes"

Mit alten Melodien und Liedern die Sie begeistern werden

Unser Motto: Wir um die fünfzig und aufwärts!

1. Möchten Sie für wenig Geld unsere Heimat kennenlernen?
2. Vermissen Sie die schönen Kollektiv- und Brigadefahrten von früher?
3. Sollten die Menschen nicht wieder mehr gemeinsam unternehmen?

 Uns interessiert Ihre Meinung.
Haben wir Sie neugierig gemacht?
Dann lesen Sie die Rückseite!

Werbeblatt des niedersächsischen Kaffeefahrten- und Lamadecken-verkaufsveranstalters „S + L Touristik", 1997

112

Aus dem Osten kam das Licht der Geschichte, und aus dem Osten kommen nun auch die neuen Helden. Angela Merkel, die Mutter Courage im Kohlschen Troß, und Regine Hildebrandt geben in Frisur und Kleidung, in Redestil und – jedenfalls die Merkel – auch mit dem göttlichen Blick ihrer seelentiefen Augen den magersüchtigen Gemütern des Westens Halt. So schön kann man sein, wenn man Kosmetik-Stylisten entgeht, so schön ist das Häßliche.

Oh, wie ist das schön, oh wie ist das schön, so was hat man lange nicht gesehn, so schön, so schööön!

Und wenn der Fußballer Matthias Sammer *im Blickfeld der Kamera auftaucht, in rotblondem Strahlenkranz, mit einem Gesicht, als trüge er auf den Schultern Meißner Porzellan, dann wird Fußballspielen zur malerischen Bildschöpfung reiner Seelen aus einer anderen Welt – aus dem Osten eben ...*

*

Willkommene Schmeicheleinheiten in einer *Welt der sozialen Kälte*. In der ostdeutschen Wirtschaftsdemokratur jagt eine Tartarenmeldung die nächste:

Mitteldeutsche Fahrradfabrik MIFA in den Ruin getrieben!

Was wir einerseits mit einer gewissen Berechtigung als Negativschlagzeilen bezeichnen dürfen, könnten wir andererseits durchaus bewundern. Wir könnten es beispielsweise das ostdeutsche Wirtschaftswunder nennen, weil es im Osten alles zu kaufen gibt, obwohl doch im Osten gar nichts mehr hergestellt wird.

Selbst Spirituosen wie

Erichs Rache / DDR (,Der Deutsche Rachenputzer'),
Erichs Rache / SED (,Spirituosen Einheits-Drink'),

Erichs Rache / FDJ (‚Fruchtiger Denn Je') und
Erichs Rache / LPG (‚Leckeres Proletarier-Gesöff')
werden im Westen hergestellt. Wir verdanken sie dem west-
fälischen Schnapsbrenner Uwe Dahlhoff, dessen Produkt-
liste neuerdings alarmierend ostlastig geworden ist, seit
ihm das Bundeskanzleramt verbot, sein begehrtes Spitzen-
erzeugnis *Helmuts Birne* weiterhin zu destillieren.
Der Ostler kommt aus dem Staunen gar nicht mehr raus.
Den *Kampftag der Arbeiterklasse* tauschte er ein gegen
einen (in Ziffern: 1) *Tag der Arbeit*, das vormundschaftliche
Versorgungssystem gegen die soziale Marktwirtschaft. Die
sozialistische Wartegemeinschaft wechselte klaglos von
der HO-Verkaufsstelle Obst & Gemüse hinüber zum
Arbeitsamt.
Den sozialen Widrigkeiten, speziell der *Entheimatung*, ver-
sucht der Ostler zu trotzen, indem er sich von ostalgischen
Lebensmitteln ernährt: Ostschrippe zum Frühstück, ein
Fläschchen Nordhäuser zum Nachspülen. Und um den
Weltimperialismus herauszufordern, fährt er Trabbi, das
Ossi-Trotzmobil, von null auf hundert bis Sonnenunter-
gang, im DDR-Maßstab Weltspitze, das meistgeklaute Auto
der Welt, und er lenkt es freihändig, denn die revolutionär
geballten Fäuste gehören natürlich in die Hosentaschen.
Im Briefzentrum Schönefeld bei Berlin arbeitet der Ost-
Postler Seit' an Seit' mit dem West-Postler, und zwar
wöchentlich anderthalb Stunden länger als dieser, zum Ausgleich aber für 84 Prozent Lohn.
Die *Wehrbereichsgebührnisämter* der Bundeswehr unter-
scheiden ihre Zeitsoldaten penibel nach Ost- oder Westher-
kunft. Ein Gefreiter aus Buxtehude erhält monatlich 2400
Mark brutto; der Gefreite aus Dresden-Pieschen erhält 380
Mark weniger. Hat der Ost-Gefreite Glück und wird in eine

114

Westkaserne versetzt, erhält er sofort Westbesoldung und wird auch nicht zurückgestuft, wenn er wieder ins Tarifgebiet der Niedrigsoldsoldaten abgeschoben wird.

Beim Hauptmann beträgt die Differenz 840 Mark, weil die Verteidigungsproduktivität eines Westhauptmanns um genau diesen Betrag höher ist als die eines Hauptmanns von Köpenick. Die unterschiedliche Produktivität, soviel wissen wir inzwischen, ist der plausible Grund für die unterschiedlichen Tarife. Die meisten IG Metall-Mitglieder im Osten verdienen monatlich knapp 2000 Mark netto – Durchschnittslohn im Westen: 3000 Mark. Warum? Weil die Produktivität der Stahlwerke in Deutschland unterschiedlich ist, und zwar ist sie im Osten per saldo höher als im Westen.

Pfiffig wie die Schafe, von Wir-Gefühl und Gleichheitsillusionen verblendet, verlangen die Ostarbeitnehmer gleichen Lohn für mehr Arbeit. Sie hören gar nicht hin, wenn ihnen Experten leicht faßlich erklären, wohin die Reise geht, Kajo Schommer zum Beispiel, der Wirtschaftsminister des Freistaates Sachsen: *Man kann das niedrigere Einkommensniveau des Ostens auch als Vorsprung sehen. Im Westen steht dieser schmerzliche Anpassungsprozeß noch aus.*

Das Erstaunlichste: Im Osten ist es laut SPIEGEL *mit dem Freiheitsstreben der Bevölkerung noch immer nicht weit her.* Meinungsumfragen sprechen eine deutliche Sprache. Zwar, heißt es, könne man nun sagen, was man wolle, eine andere Frage aber sei, ob es ratsam sei, alles zu sagen, was man wolle; was, heißt es, nützt mir die Meinungsfreiheit, wenn ich vor meinem Chef die Fresse halten muß, damit er mich nicht feuert?!

Das *Zentrum für Gerechtigkeitsforschung* der Universität

Potsdam befragte 329 Brandenburger nach ihren Veränderungserfahrungen. 194 Kandidaten lobten die Reisefreiheit als positive Veränderung, aber nur 38 die freiheitlich-demokratische Grundordnung samt Bürgerpräsident Herzog und den Menschenrechten. Vergessen die Überwindung der totalitären Diktatur des Proletariats. Vergessen das bedrohliche Knacken im Telefon. Vergessen die Segnungen der Reisefreiheit: „Ich lern jetzt Esperanto, weil ich dort meinen wohlverdienten Urlaub verbringen will!" Oder: „Weißt du, Rom ist einfach zauberhaft, bloß warum eigentlich bauen sie nicht endlich mal dieses Colosseum zu Ende?!" Überwältigend allein schon die freie Wahl des Klopapiers! Die Freiheit als Supermarkt der unbegrenzten Möglichkeiten: *Scottonelle* von *Servus*, *Zewa supersoft*, *BESS de luxe* oder *BESS decor*, *apura top toilette*, *mola* oder *Gloria*, *blümia supersanft* oder *Ökopurex* (Schont die Umwelt!), *Hakle Super Vlausch*, *manhattangrau*, *Hakle 1000* (fest, griffig, sparsam), *Hakle feucht (classic clean)*, *Hakle feucht (derma cure)*, *Hakle feucht (fresh ocean)*, *Hakle feucht (camille mild)*, *Hakle feucht (sensitive balance)*, *Hakle 3lagig Super Vlausch*, jetzt noch sicherer, weicher, reinigender durch das Hakle Sicher & Soft Verfahren, oder *Hakle Lady*, wahrscheinlich das dickste und kostbarste Toilettenpapier der Welt! Vergessen, Sportsfreunde?

Im Osten, so der SPIEGEL, *hat ein totalitärer Freiheitsbegriff überdauert. Der untergegangene Staat versprach seinen Untertanen als Freiheit nur die Abwesenheit von Not, Arbeits- und Obdachlosigkeit – mithin Fürsorge statt Freiheit.*

Im neuen Deutschland dagegen haben wir nun endlich Freiheit satt, Freiheit statt Fürsorge. Diese Gewißheit macht es mir leicht, *Not, Arbeits- und Obdachlosigkeit* sowie die deutsche Sozialpolitik mit ganz anderen Augen zu betrachten. Machte sich eines Tages unverhofft *die Abwesenheit von Not, Arbeits- und Obdachlosigkeit* bemerkbar, ich argwöhnte auf der Stelle, die Fürsorge habe erneut über die Freiheit gesiegt. Beim Gedanken an diesen Crash-Fall sage ich mir: Wie wohltuend unterscheidet sich doch vom Todesschuß an der Mauer der Goldene Schuß auf der Bahnhofstoilette gerade dadurch, daß er selbstbestimmt, in freier Entscheidung, gesetzt wird und damit demokratisch einwandfrei legitimiert ist, ebenso wie etwa der noble Kältetod des Obdachlosen.

*

Noch immer zieht der Ostler die materiellen Werte den ideellen Werten vor. Er ist der Unkosten-Müller der Einheit, hart im Nehmen, ganz egal, woher es kommt, ob es sich um Begrüßungsgeld handelt oder um den finanziellen West/Ost-Transfer. Tag für Tag schaufeln die Deutschen/West den Deutschen/Ost Milliarden rüber, die gar nicht zu hundert Prozent in den tengelmannschen Kaufland-, Kaufpark- und Kaiser's-Kaffee-Kassen versickern, sondern höchstens zu 99,9 Prozent. Dennoch denkt der Ostler nicht im Traum daran, endlich den aufrechten Dank zu trainieren.

Das hat sein gnatziges Verhalten bei der Volksabstimmung zur beabsichtigten Länderfusion Berlin-Brandenburg im Mai 1996 unrühmlich gezeigt. Franzi van Almsick war dafür, Henry Maske war dafür, auch Harald Juhnke, der Mann mit der Kraft der drei Lebern. Die posttotalitären Berlin-Brandenburger aber votierten mit 63 Prozent dagegen, obwohl *Häuptling Großer Bär* und *IM Sekretär* ihnen ausdrücklich erklärt hatten, daß es eine demokratische Abstimmung werden sollte. Ein beschämendes Ergebnis! Der weststämmige Chefredakteur der damals noch existierenden, wenn auch siechen, WOCHENPOST, entsicherte daraufhin den Computer und formulierte sein Negativattest:

Das Ergebnis der Fusionsabstimmung zeigt, daß die Vorstellung vom mündigen Bürger, der in der Demokratie an die Stelle des Untertanen tritt, doch nicht nur ein schöner Traum war, sondern unter den Bedingungen der alten Bundesrepublik ein schönes Stück weit Wirklichkeit geworden ist. Das bedeutet, diesem mündigen Bürger kann man getrost wichtige Fragen zur Entscheidung vorlegen ...
Die Bewohner der ehedem von der DDR kontrollierten

Der mündige Bürger

Gebiete haben diese Mündigkeit offenbar noch nicht erreicht.

Statt messerscharfe, kluge Analysen wie diese in seinem Herzen zu bewegen, lauscht der Ostalgiker hingebungsvoll den Sirenenklängen aus dem Hause Gysi (PDS). Gregor Gysi selbst putscht ihn von Zeit zu Zeit auf mit Herr-Lehrer-ich-weiß-was-Meldungen, zum Beispiel mit der, daß der Beitritt der DDR zur Bundesrepublik gar nicht richtig beschlossen worden und deshalb ungültig sei.

Beschlossen hätten die im März 1990 frei gewählten Abgeordneten der Volkskammer den folgenden Wortlaut:

Die Volkskammer erklärt den Beitritt zum Geltungsbereich des Grundgesetzes ...

Erst hinterher sei dem Volkskammerpräsidium mit Sabine Bergmann-Pohl an der Spitze aufgefallen, daß zwar die wenigen hundert Damen und Herren DDR-Volksvertreter der Bundesrepublik beigetreten seien, nicht aber die DDR mit ihrer Belegschaftsstärke von immerhin fast 16 Millionen. Deshalb sei der schicksalsschwere Satz anschließend manipuliert worden. In die weltgeschichtliche Lücke zwischen den Vokabeln **Beitritt** und **zum** seien heimlich die Wörter **der DDR** hineinpraktiziert worden.

Da muß sich dann natürlich keiner wundern, daß die ostdeutschen Kettenraucher allesamt – konspirativ wie weiland die Eidgenossen auf dem Rütli – einen heiligen Ossi-Eid schworen: Lebenslang werden sie CABINET rauchen, die gute alte Kultmarke des Arbeiter- und Bauernstaats, CABINET und nichts als CABINET, und zwar voll parteilich auf Lunge. Und keiner soll sich wundern, wenn der Ostler dem Siegeszug der BRD-Wochentagsbezeichnung *Samstag* zu Lasten des Sonnabends kindischen Widerstand entgegensetzt, ebenso dem *Spasssss* mit fünf S, dem *Krebbbbbs*, dem *Tellllefon* sowie *Omma* und *Oppa*.

Du, hömma, wat habbn denn die Ossis da zu moppern und zu knöttern übba Püttamanns Schnellfreß-Vokale! Die Aussprache von diese Wörter is doch richtich, weil dat im Ruhrgebiet so richtich is, da heiß et natürlich auch Wollwott statt Woolworth – ob wir uns dat villeich ma merken können, Herrschaften!

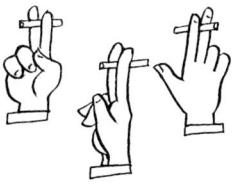

Witze, die das Leben reißt

*Der Beschuldigte verbreitete die Auffassung, daß
das Gesellschaftssystem der DDR nicht in Ordnung
ist, da es hier keine Mangelwaren gibt.*
Staatsanwalt Panzer,
Leipzig, 1961 in meiner Anklageschrift

Ein Häuflein versprengter Kundschafter eines
untergegangenen Staates gründete 1995 die Initiative
Kundschafter des Friedens fordern Rechte. Auch Staatsanwälte des untergegangenen Staates gründeten hurtig
einen Staatsanwaltsverein, in dem sie vereint für die Rechte kämpfen, die sie ihren Angeklagten einst standhaft ver-
weigerten. Das Gedächtnis wertvoller Zeitzeugen ist durch
Merkschwäche, Gedächtnishemmungen, ja Gedächtnis-
verlust so stark beeinträchtigt, daß uns vielleicht nur noch
ein Alzheimerkongreß in der Gedächtniskirche weiterhel-
fen könnte.
Die humoristischen Parolen der DDR-Jahre (*Entfaltet das
vaterländische Turnen zu einer neuen Blüte! / Einzelschaf-
halter, schließt euch zu genossenschaftlichen Herden
zusammen! / Es braust ein Ruf wie Donnerhall – die SED
macht Osterball!*) wurden, wie ich mich deutlich entsinne,
komplettiert durch grenznah installierte Losungen dieser
Art: *Richtschütze! Vernichte den Gegner in kürzester Zeit
auf maximale Entfernung mit dem ersten Schuß!*
Zu DDR-Zeiten täuschte ich mich, wie sich inzwischen
rausgestellt hat, über die wahren Machtverhältnisse. Das

SED-Politbüro, dachte ich, ist ideal verkörpert im Generalsekretär, nachmals in Moabit Untersuchungshäftling Nr. 2955/92. Der Generalsekretär, dachte ich, der weiß, was läuft. Was der sagt, dachte ich, wird gemacht, und zwar genau so, wie er es ultimativ empfohlen hat.

Doch im Politbüro-Prozeß vor dem Berliner Landgericht sagte Erich Honeckers wichtigste Sekretärin 1996 klipp und klar, der Generalsekretär des Politbüros der Sozialistischen Einheitspartei Deutschlands und Vorsitzende des Staatsrates sowie des Nationalen Verteidigungsrates der Deutschen Demokratischen Republik sei – zum Beispiel – über die Stasi nur lückenhaft informiert gewesen; bei den Haushaltsplanungen habe er sich ständig darüber gewundert, *daß das MfS soviel Geld brauchte.*

Erich Mückenberger, Politbüromitglied von 1958-1989, bezeichnete das Politbüro als *das politisch maßgebliche Führungsgremium im Staats- und Gesellschaftsaufbau der DDR.*

Margarete Müller, Kandidatin des Politbüros, hingegen hatte nie den Eindruck, das Politbüro könnte *eine Art Überregierung* gewesen sein, ihr jedenfalls seien *Einflußnahmen des Politbüros auf staatliche Gremien* nicht bekannt geworden; der *Staatsapparat* habe *für sich gearbeitet*, und Politbürobeschlüsse wären *nur für die Partei verbindlich* gewesen.

Günther Kleiber, Mitglied seit 1984, sagte, das Politbüro hätte sich vor allem *damit beschäftigt, geeignete Badewannen für das Wohnungsbauprogramm* auszusuchen.

Horst Dohlus, Mitglied seit 1970, behauptete, speziell für das Grenzregime sei eine ausländische Macht zur Verantwortung zu ziehen, die dummerweise nicht mehr existiert.

Klaus-Dieter Baumgarten, Chef der Grenztruppen, erklär-

te, einen Schießbefehl habe es nie gegeben; wenn Grenzer wegen Schußwaffengebrauchs belobigt worden wären, dann nicht wegen Schußwaffengebrauchs, sondern wegen *korrekter Erfüllung der Dienstpflichten.*

*

Das alte Lied: Geschichte, nachdem sie schiefgegangen ist! Niemand war's, und keiner hat's gesehn.
Längst übernahm in der nach unten offenen Beliebtheitsskala eine neue leistungsstarke, wohlbeleumdete Institution den Rang und die Reputation des SED-Politbüros: die

Treuhandanstalt*).Mittlerweile fiebern mehr und mehr Vor-ruheständler und Langzeitarbeitslose, wenn auch vergeb-lich, einem kurzweiligen Treuhandprozeß gegen Spitzen-manager mit beschränkter Redlichkeit entgegen. Das wäre endlich mal wieder eine Volksbelustigung so recht nach dem Geschmack der Bevölkerung, die einst das Volk gewe-sen ist. Das Interesse am Politbüroprozeß jedenfalls war kläglich und enttäuschend – trotz prominenter Besetzung der Hauptrollen.

Verglichen mit dem Fähnlein der aufrechten Ewiggestrigen bot beispielsweise Charakterdarsteller Günter Schabowski den finalen Rettungsstuß. Er mochte nun nicht länger mehr als *stalinistischer Realsozialist* mißverstanden werden. Darum versicherte er in seiner Erklärung vor dem Berliner Landgericht den hartgesottenen Skeptikern, daß der Polit-büroprozeß trotz seines hochpolitschen Namens durchaus *kein politischer Prozeß* und die Justiz, die ihm, dem Ange-klagten Günter, ihre geschätzte Aufmerksamkeit widme, weder *Polit-* noch *Siegerjustiz* sei.Und weil der Prozeß zufällig so schön unpolitisch war, drängte er den Vorsit-zenden gar zur Eile, denn von den ursprünglich 21 Polit-büromitgliedern seien *die meisten schon hinweggestorben oder hinweggesiecht.*

*) ursprünglich „*Treuhand-Gesellschaft zur Wahrung der Anteilsrech-te der Bürger mit DDR-Staatsbürgerschaft am Volkseigentum der DDR*". Das „*Freie Forschungskollegium Selbstorganisation*" um Wolf-gang Ullmann („Demokratie jetzt"), Minister ohne Geschäftsbereich, plante im Jahre 1990, „*um dem Ausverkauf der DDR einen Riegel vor-zuschieben*", das DDR-„Volkseigentum" von geschätzten 1,5 Billionen Mark unter 16 Millionen DDR-Bürgern gerecht zu verteilen – pro Nase: 100 000 Mark; die „*Vermögensanteils-Urkunde an einem 16millionstel Anteil am Volkseigentum der DDR*" zugunsten von Hans Mustermann war bereits entworfen.

Er selbst bedauerte ausdrücklich, daß das Hohe Gericht sich dem Vorschlag Egon Bahrs nicht anschließen mochte, *für die Maueröffnung das Bundesverdienstkreuz zu vergeben*, schade. Keine Rede davon, daß er *den Sturz Honeckers* betrieben und damit *unblutig den Weg freigemacht* habe *für den Sturz der Mauer*. Was ihm früher nur schwante, jetzt endlich war es sonnenklar: er hatte *einer falschen Sache gedient*! Mit Verve, doch leider nur metaphorisch, riß er sich das Hemd auf wie Andreas Hofer zu Mantua und stellte seinen Richtern die bohrende Frage: *Bin ich ein Schreibtischmörder? Bin ich ein Totschläger? Wann hätte ich Hand angelegt, um vorsätzlich Leben auszuulöschen?* Immerhin hatte er davon gehört, daß es an der Grenze mitunter knallte, okay. Vorsorglich hielt er die Geräusche damals aber für Silvesterfeuerwerk. Und manchmal nahm er zur Abwechslung an, daß ein Soldat *aus Notwehr gehandelt* hätte oder *daß es ein – horribile dictu – unglücklicher Zufall war, eine unabsichtliche tödliche Verletzung durch unpräzisen Umgang mit der Waffe*. Stets war er vertrauensvoll davon ausgegangen, daß die Bestimmungen des Grenzgesetzes, *die schlimmstenfalls auf einen gezielten Schuß in die Beine orientierten, bindend waren.*

Ach ja, ach nee, unsere Revolutionäre von gestern, horribile dictu! Zu ihnen darf ich auch einen, inzwischen alten, Bekannten aus der Jugendzeit zählen. Mit ungebrochenem Urvertrauen war ich 1957 nicht nur rotwangig und blauäugig, sondern auch dumpfbackig aus der norddeutschen Tiefebene aufgebrochen, um mir an der Leipziger Karl-Marx-Universität meine damals vorhandene Neigung zum Journalistenberuf austreiben zu lassen. In meinem mecklenburgischen Heimatland werden, wie der Kenner weiß, nicht nur die erotischen, sondern auch die politischen Leidenschaften betont gedämpft und unaufgeregt vorgetragen. An der Journalistenfakultät dagegen, am sogenannten *Roten Kloster*, wehte ein schärferer Wind. Am Rednerpult gleich der ersten FDJ-Versammlung erlebte ich einen jungen Blauhemdrebellen in Aktion, gegen dessen parteiliche Beredsamkeit Danton eine lahme Ente gewesen sein muß. Dieser Rrrevolutionär hieß Klaus Höpcke.

*

K. Höpcke hätte die akademische Laufbahn einschlagen ·und es mühelos zum Professor mit Lehnstuhl bringen können, doch zog er die Karriere eines Berufsresolutionärs, Nomenklatur- und Reisekaders vor, stieg auf über die Funktionen eines stellvertretenden Parteisekretärs der Karl-Marx-Universität und Ersten Sekretärs der Leipziger FDJ-Bezirksleitung zum Mitglied des Redaktionskollegium des Zentralorgans der Sozialistischen Einheitspartei NEUES DEUTSCHLAND, wo er als Linien-Richter für Kultur, Kunst und Literatur zuständig war und sich in den Klassenkämpfen des 11. Plenums 1965 vor und hinter den Kulissen glänzend bewährte. Die Ernennung zum stellvertretenden Minister für Kultur krönte seine Karriere.

Von nun an ließ er sich, da er für Verlagswesen und Buchhandel des Leselands DDR Verantwortung tragen durfte, nicht ungern Der Bücherminister nennen. Seine Feinde nannten ihn Oberzensor, diesen Kosenamen jedoch mochte er weniger, wenn vielleicht auch nur, weil die Zensur in der DDR gar nicht Zensur hieß, sondern *Druckgenehmigungsverfahren*. Zensur hieß sie zu Heinrich Heines Zeiten; Heine widmete den Zensoren in seinem Werk IDEEN. DAS BUCH LE GRAND das gesamte Kapitel XII, das ungekürzt hierher gehört:

Die deutschen Zensoren – – – – – – – – – –
– –
– –
– – – – – – – – – – – – – – – – – Dummköpfe –
– –
– –
– – – – – – – – – – – – – – – – – – .

Dieses Kapitel kannte Der Bücherminister natürlich, weil er – erstens – Heine ganz allgemein schätzte und schätzt, und weil – zweitens – nicht nur Der Bücherminister sich als einen braven Soldaten im Befreiungskrieg der Menschheit sah, sondern Heine sich selbst ja auch.

In all den Jahrzehnten traf ich Den Bücherminister nur ein einziges Mal, und das war, von mir aus gesehen, reichlich oft. Doch las ich öfter von ihm, am liebsten nach 1989.

Eigentlich, las ich 1991, sei er *schon 1965 gegen die Zensur gewesen*, habe *als Redakteur im Neuen Deutschland* sogar *dagegen geschrieben*. Und, las ich, eigentlich hätte er *sich mehr Autoren gewünscht, die keine Streichungen zugelassen* hätten. Dies war die Zeit, als die Lektoren der Staatssicherheit mit beispielhaftem Eifer selbst Joseph Conrad (1857-1924) leicht verspätet ihre tschekistische Aufmerksamkeit schenkten:

Das Buch SPIEL DES ZUFALLS ist ein Werk des englischen Schriftstellers Joseph Conrad. Es erschien 1913. Werke Conrads wurden auch in der DDR verlegt. Obwohl Werke Conrads aus heutiger Sicht möglicherweise feindlich interpretierbar sind, ist allein unter Beachtung der Zeit ihrer Entstehung eine politisch-operative oder strafrechtliche Relevanz nicht gegeben.

1990 setzte Der Bücherminister in Ermangelung eines verfügbaren Bücherministeriums seine Laufbahn fort als Volkskammerabgeordneter der PDS und PDS-Landtagsabgeordneter in Thüringen. Erst 1995 fand er Zeit und Muße, in einem Vortrag mit der Überschrift *Wie es 1988 zum Ende der Buchzensur in der DDR kam* der staunenden Mitwelt ausführlich darzustellen, wie es 1988 zum Ende der Buchzensur in der DDR kam. Weil es 1988 außer ihm weder Freund noch Feind bemerkt hatte, bezeichnet er diese sensationellen Vorgänge zu Recht *als ein wenig bekanntes Kapitel von Kulturpolitik in der späten DDR.*

Nichts ist unmöglich. Mag sein, ich habe das Ende der Buchzensur in der DDR übersehen.

Er war ein ruhiger und freundlicher Mann, schreibt Günter de Bruyn, *der im persönlichen Umgang weder eitel noch machtbewußt wirkte und sich den Autoren, deren Geißel er war, gern als Beschützer oder Berater zeigte, als ein Förderer der Literatur, der toleranter sein möchte, als sein Amt es ihm erlaubte. Vielleicht verlangte sein Parteiauftrag von ihm, so zu wirken, vielleicht stritten wirklich manchmal in ihm Amtspflicht und Neigung, doch blieb dabei die Parteidisziplin immer siegreich, so daß ich nur mit Vorbehalt nach Art meiner Mutter sagen möchte: Schlimmer kommen können hätte es mit einem Schlimmeren auf seinem Posten auch.*

Richtig, schlimmer kommen können hätte es. Diese Möglichkeit hätte sich im Fall einer Nachfolge mit an Sicherheit grenzender Wahrscheinlichkeit als Gewißheit erfüllt. Dies galt im DDR-Alltag übrigens für alle Posten. Dies war geradezu eine Konstante von naturgesetzhafter Gültigkeit und führte dazu, daß kluge Werktätige ihre sozialistischen Leiter nicht leichtfertig demontierten, selbst wenn sie noch so große Lust dazu gehabt hätten.

Und was die Zensur betrifft, so war ihr, sofern der irrege-
leitete Autor von den zuständigen Organen noch nicht als
Feind des Sozialismus entlarvt worden war, Fürsorglich-
keit zuallerletzt abzusprechen.

„Herr Poche", sagte Der Bücherminister aus einschlägigem
Anlaß zu Klaus Poche, „ich will Sie doch nur vor einem
schlechten Buch bewahren."

*

Wie aber kam es denn nun eigentlich bereits 1988 zum
Ende der Buchzensur in der DDR? In erster Linie natürlich
durch den Einsatz Des Bücherministers. Und natürlich
hatte er es nicht leicht bei seinem Kampf gegen die *im sogenannten Druckgenehmigungsverfahren enthaltenen, von
uns seinerzeit beschönigend als zensurähnlich bezeichne-
ten Maßnahmen*, gegen die *geistig drangsalierenden Ein-
griffe in künstlerisches Schaffen* und gegen die *vielfach die
Oberhand gewinnende Beschränktheit des Blicks.*

Und, siehe da – Triumph! – 1988 war es dann gegen den
zähen Widerstand der reformunfähigen stasigestützten Ge-
rontenriege tatsächlich geschafft. Dieser Erfolg wird Dem
Bücherminister seit 1988 nur selten mit Dank vergolten.
Chefzensor! schallt es ihm entgegen, nur selten oder, sagen
wir, nie jedoch *Zensurabschaffer!* Wie ungerecht!

Ich habe, versichert er, *natürlich seit 1989 des öfteren darüber nachgedacht, warum wir nicht zeitiger – sagen wir
mal zehn oder fünfzehn Jahre früher – zum Ende von Buchzensur gekommen sind.*

Tja, warum eigentlich nicht? Der gute Wille wird doch da
gewesen sein.

Und er fragt, ob sich in so einem Fall nach dem Wechsel

132

der Verhältnisse vielleicht sogar die SPD um ihn gerissen hätte: *Wer weiß, vielleicht hätten einige in mir gar einen widerständlerischen Abschaffer der Buchzensur gesehen.* Aber gewiß doch – bei der SPD ist alles möglich.

*

Der Kern der Druckgenehmigungspraktiken, der sie zur Zensur machte, so Höpcke, *war die Einreichung von Manuskripten an eine zentrale staatliche Stelle.*

Von 1957 bis 1961 gehörte ich dem Leipziger Studentenkabarett RAT DER SPÖTTER an. Es war üblich, weil unumgänglich, daß wir die Texte eines jeden neuen Programms den Zensurinstanzen der Universität rechtzeitig zum Zwecke der Zensurierung übergaben.

Kurze Zeit nach der Errichtung des *Antifaschistischen Schutzwalls* stellten wir der Universität das Textbuch unseres Programms WO DER HUND BEGRABEN LIEGT zu, das wir Anfang September 1961 aufführen wollten. Dann hörten wir verdächtig lange nichts davon, obwohl doch der Titel schon hinlänglich andeutete, daß wir so einiges vortragen wollten über das Fernweh der Werktätigen und die vom Volke unerwiderte Liebe der Partei.

Rätselhafterweise verließen 1961 von Tag zu Tag größere Scharen von Staatsbürgern das Land, in dem nicht nur bald Sozialismus und Kommunismus siegen, sondern auch Milch und Honig ungehemmt fließen sollten:

Alle Märchen werden weit übertrumpft, heißt es in dem zu Recht unvergessenen Märchenbuch UNSERE WELT VON MORGEN, *die Zukunft ist nicht nur erheblich reicher und schöner, als sämtliche Märchen malen – sie ist, und das ist die Hauptsache, für alle da! Das Warenhaus der Zukunft ist ein wahrhaftes Warenparadies: ein umfangreicher Komplex vollkommen ausgebildeter Spezialgeschäfte aller Art, in denen man alle Artikel findet, die es auf dem betreffenden Gebiet überhaupt gibt – auch in allen Größen. Die Auswahl wird bei einer solchen Warenfülle zu einem schwierigen Problem ... Die ganze oder fast die ganze Welt wird uns offenstehen. Freunde der Touristik werden einen großen Teil des Globus zur Verfügung haben. Mehrmonatige Weltreisen werden zu einem festen Bestandteil des Bildungsgangs der Jugend gehören. Das Zeitalter des Kommunismus, das die kühnsten Träume der Menschen von einem reichen, wahrhaft menschenwürdigen Dasein verwirklicht und übersteigt, liegt näher vor uns, als wir heute denken ...*

So komisch wie UNSERE WELT VON MORGEN war das Textbuch unseres Programms WO DER HUND BEGRABEN LIEGT bei weitem nicht, möglicherweise war gerade das seine Schwäche. Die SED-Parteileitung der Karl-Marx-Universität hüllte sich trotz Kenntnis des feindlichen Inhalts bis zur Generalprobe in konspiratives Schweigen. Dafür aber war dann die Generalprobe erfreulich gut besucht. Der Zuschauerraum unseres SPÖTTER-Kellers wimmelte nur so von wachsamen, prinzipienfesten Genossen. Sie hatten die Arbeiterfäuste entsichert und kommentierten das Programm leidenschaftlich mit den Rufen „Gonderrewelutzjon! Gonderrewelutzjon!"
Als der Erste Sekretär der SED-Universitätsparteileitung den SPÖTTER-Rädelsführer Peter Sodann einen *Arbeiterverräter* nannte, bot *Arbeiterverräter* Sodann ihm Schläge an – getreu der Losung *Kunst ist Waffe.*
In den folgenden Tagen verfrachteten die zuständigen Sta-

134

sigreifer fünf meiner Freunde und mich für neun Monate ins Leipziger Stasi-Untersuchungsgefängnis. Die Idee dieser absichtsvollen Kriminalisierung eines Kabaretts finde ich gut bis auf den heutigen Tag. Es war die Idee politischer Köpfe, eine Idee zur Ruhigstellung der Leipziger Studentenschaft. Die Botschaft lautete: Haltet die Fresse, Sportsfreunde, sonst geht's euch wie den SPÖTTERN!

Höpcke & Gen. waren mit dieser Neuerermethode alles in allem recht erfolgreich; denn nur weitere zehn Leipziger Studenten „mußten" *wegen Verstoßes gegen die sozialistische Gesetzlichkeit* inhaftiert, nur ganze 116 „mußten" relegiert werden.

Auf der 14. Tagung des SED-Zentralkomitees berichtete Paul Fröhlich, der Erste Sekretär der Leipziger SED-Bezirksleitung, seinem Chef Walter Ulbricht und dem gesamten Plenum von unserer kabarettistischen *Gonderrewelutzjon*:

Kurz nach dem 13. August entwickelte der RAT DER SPÖTTER ein Programm, das durchdrungen war von Feindlichkeit gegen die Deutsche Demokratische Republik. Den Hauptstoß führten sie mit dem Mißbrauch der Mittel der Satire gegen die Partei und ihre Führung.

Und Fröhlich vergißt nicht, die verdienstvollen Initiatoren der Verbotsaktion lobend zu erwähnen: *Die Parteileitung der Karl-Marx-Universität nahm eine prinzipiell richtige Haltung ein, deckte die Dinge auf und verhinderte die Aufführung des Programms.*

Diese Belobigung stammt vom Dezember 1961. Im Juli 1962 beendete Höpcke sein verdienstvolles Wirken in der Universitäts-Parteileitung, trat die Funktion eines Ersten Sekretärs der Leipziger FDJ-Bezirksleitung an und erarbeitete sich die höheren Weihen für eine Entscheidungsposition im SED-Zentralorgan und für den ersehnten Posten eines Bücherministers.

*

Ebenso wie die Anklage des Staatsanwalts Holzmüller enthielt schließlich das Urteil des Bezirksgerichts Leipzig (Senat 1a) unter dem Vorsitz des Bezirksgerichtsdirektors Grass alle Verbrechen, die der § 19 des Strafrechtsergänzungsgesetzes nur hergab: *Angriff auf die politisch-ökonomischen Grundlagen der Arbeiter- und-Bauern-Macht, staatsfeindliche Zersetzungstätigkeit, Hetz- und Wühltätigkeit, Aufforderung zu konterrevolutionären Aktionen* undsonochlangeweiter.

Wäre es nach der schriftlichen Beurteilung meiner Person durch die Parteileitung der Journalistenfakultät gegangen, die der Gerichtsvorsitzende mit Betonung verlas, hätte ich zwei- bis dreimal standrechtlich erschossen werden müssen.

Die ungezählten Vernehmungen, die dem Urteil voraufgingen, waren, wenn ich Kerkerambiente und Schreckensatmosphäre mal spaßeshalber beiseitelasse, praxisnahe linguistische Seminare, die mir die Universität schuldig geblieben war und für die ich im Rückblick Dem Bücherminister zu Dank verpflichtet bin.

In der Abgeschiedenheit der Isolierhaft bei einsamen Wanderungen – drei Schritte vor, drei Schritte zurück – ging mir sofort und für immer auf, was die Metapher *auf freiem Fuß* uns sagen möchte.

Schade nur, daß meine Zelle eine Exklave im Leseland DDR zu sein schien, was Den Bücherminister möglicherweise heute noch interessieren wird. Erst im fünften Monat

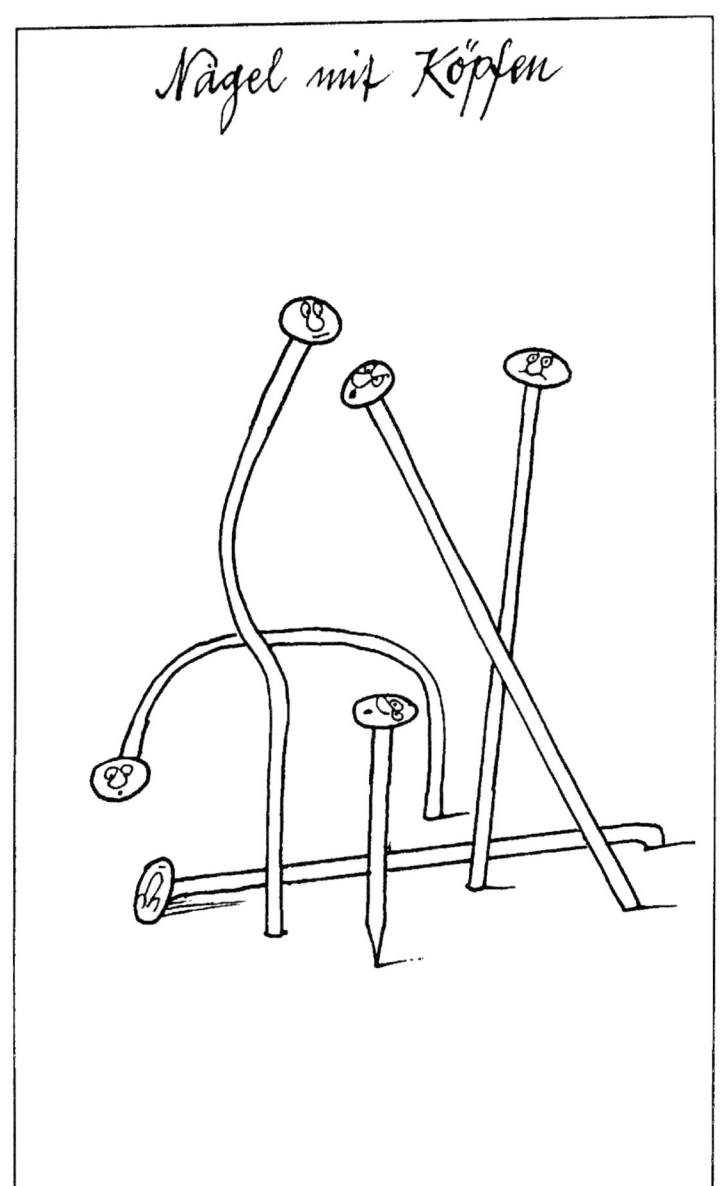

Nägel mit Köpfen

meiner Haft wurde mir die Gnade der späten Lektüre zuteil: irgendeine Schwarte aus der Knastbibliothek, die meinen Bedarf für vierzehn Tage decken sollte. Mein erstes Buch mit dem Titel MORGENRÖTE war das Machwerk eines sowjetischen Autors namens Nekrassow. Es war nur 220 Seiten stark, jedoch so unvorstellbar stalinistisch verlogen, daß es mir in vierzehn Tagen nicht gelang, über Seite 120 hinaus vorzudringen. Dies allein schon wäre ein Fall für *amnesty international* gewesen, doch leider konnte oder wollte mir damals keiner die Telefonnummer verraten.

In den Akten finden sich massenhaft Vernehmungsprotokolle, die den soziolinguistischen Wert des Ermittlungsverfahrens in hellem Glanz erstrahlen lassen.

Der Stil der Protokolle ist eigenwillig; es handelt sich um die holzgeschnitzte Diktion der Stasi. Üben wir Nachsicht mit den Verfassern, zumal inzwischen bekannt geworden ist, daß nicht wenige Mitarbeiter des MfS im Parteiauftrag ihre muttersprachlichen Defizite in Volkshochschullehrgängen beharrlich abzubauen und ihr Deutsch, wenn schon nicht auf Weltniveau, so doch immerhin auf Hilfsschulniveau zu steigern versuchten.

Protokoll I

Frage: In welcher Form wurde die Person Walter Ulbrichts im Kabarett verleumdet?

Antwort: Es hat im Kabarett niemals Situationen gegeben, wo einer der Mitglieder Walter Ulbricht verleumdet hat.

Frage: Warum wurde dann die Stimme Walter Ulbrichts nachgeahmt?

Antwort: Das ist niemals geschehen, daß die Stimme Walter Ulbrichts nachgeahmt wurde. Jedoch wurde wiederholt die sogenannte Funktionärssprache nachgeahmt, was der Sprache Walter Ulbrichts ähnlich klang ...

Zu den abscheulichsten Verbrechen zählte das Verbreiten politischer Witze, die mein Vernehmer Oberleutnant Hoffmann, um sich parteilich zu distanzieren, stets als *sogenannte politische Witze* bezeichnete. Diese Terminologie hat ihre Entsprechung in den politischen Gedichten, die bei den *Schutz- und Sicherheitsorganen* jedoch nicht sogenannte politische Gedichte hießen, sondern *Hetzschriften in Versform.*

Protokoll II

Der Beschuldigte gibt, was dem Vernehmer ohnehin bekannt ist, wohl oder übel zu: Mitte August dieses Jahres erzählte ich einen sogenannten politischen Witz, der sich gegen den Vorsitzenden des Staatsrates Walter Ulbricht richtete.

Frage: Worin kommt zum Ausdruck, daß sich dieser sogenannte politische Witz gegen den Vorsitzenden des Staatsrates Walter Ulbricht richtet?

Antwort: Dieser sogenannte politische Witz ist in keiner Weise geeignet, die Zuhörenden zum aktiven Handeln für den Sozialismus anzuregen und das Vertrauen der Bevölkerung der DDR zum Vorsitzenden des Staatsrates der DDR Walter Ulbricht zu festigen, weil er Walter Ulbricht lächerlich macht.

Frage: Warum erzählten Sie diesen „Witz", der sich in gemeinster Weise gegen den Vorsitzenden des Staatsrates der DDR Walter Ulbricht richtet?

Antwort: Ich gebe zu, daß dieser sogenannte politische Witz

sich in gemeinster Weise gegen den Vorsitzenden des Staats-rates der DDR richtet und deshalb seine Erzählung den gesell-schaftlichen Verhältnissen der DDR schadet.

Frage: Dieser „Witz" richtet sich aber in gemeinster Art und Weise gegen den Vorsitzenden des Staatsrates der DDR Wal-ter Ulbricht. Warum haben Sie in dieser Art und Weise die Person Walter Ulbrichts lächerlich gemacht?

Antwort: Wenn ich gewußte hätte, daß das Erzählen soge-nannter politischer Witze strafbar ist, hätte ich keine erzählt...

ORAL ALLES SUPER

*Bei der Anhörung vor einem Untersuchungs-
ausschuß mußte ich Aussagen machen: Name,
Geburtstag, Beruf. Ich sagte: Größter Außenmini-
ster aller Zeiten! – Das war mir zwar peinlich, aber
was sollte ich machen, ich stand unter Eid.*
Hans-Dietrich Genscher, deutscher Politiker

Ich mag sie alle. Mehr oder weniger. Aber natürlich
ist mir bewußt, daß jeder von ihnen seine kleine Marotte
hat, irgendeinen liebenswürdigen Spleen. Volker Rühe
(CDU), der Bundesverteidigungsminister, hat nie gedient.
Ausgerechnet Bundesagrarminister Borchert, ein treffsi-
cherer Jäger, verwaltet den Tierschutz. DGB-Vorsitzender
Schulte kümmert sich um das Wohlergehen der deutschen
Arbeitgeber. Bundesgesundheitsminister Seehofer (CSU),
zuständig für die gesetzliche Krankenversicherung, ist vor-
sichtshalber privat versichert. Rudolf Dreßler, der SPD-
Gesundheitsexperte, ist Kettenraucher ...
Na und?
Ich laß mir auch den Bundeswirtschaftsminister Rexrodt
(FDP) nicht madig machen, selbst wenn seine Feinde es
immer wieder versuchen, neulich erst der ehemalige CDU-
Generalsekretär Heiner Geißler, der es gerade nötig hat!
„Der Rexrodt", sagte er, „muß einen Zwillingsbruder
haben; so dumm kann einer allein doch gar nicht sein."
Warum sagt er so was?
Weil er auf den erstklassigen Posten von Rexrodt reflek-
tiert! Auch ich bin neidisch auf diesen Posten. Einen bes-

seren Posten gibt es auf der ganzen Welt nicht: Der Bundesverband der deutschen Industrie sagt, was gemacht werden soll; der Kanzler sagt, wie's gemacht werden soll, und der Rexrodt teilt es dann bloß noch der Presse mit.

In vergleichbarem Maße als Bundeswatschenmann mißbraucht wird allenfalls noch Dr. Norbert Blüm, und das trotz seiner Jahrtausendvision „Die Renten sind sicher!" Eine erfreulichere Botschaft hat kein deutscher Verantwortungsträger zu bieten, und doch wird Blüm ausschweifend apostrophiert als Bonsai-Bebel, Renommierprolet, Imponderabilienhai, soziale Abrißbirne des Kanzlers oder Sandsack der deutschen Sozialpolitik.

Ja, wo leben wir denn?!

Heino, der Sänger der freiheitlich-demokratischen Grundordnung, kennt die Antwort: „Wir leben Gott sei Dank in einer Demokratie, da kann jeder singen, was er will."

Wem diese Definition zu intellektuell sein sollte, dem verrate ich die einprägsme Formel, die uns die Deutsche Telekom in einer ihrer Werbeschriften mitteilt: „Wenn Sie sich zum Thema einer Talk-Show äußern wollen, wählen Sie die eingeblendete Rufnummer, die mit 0138 beginnt, und sagen der TV-Redaktion Ihre Meinung. Von dort aus werden Sie live mit dem Moderator verbunden. Dabei zahlen Sie für eine Minute nicht mal 70 Pfennig und nach 18.00 Uhr sogar nur noch die Hälfte. Sie sehen: Sie haben mehr zu sagen, als Sie vielleicht denken. Das nennt man Demokratie."

Übrigens sagt oder schreibt mancheiner Sachen, die so klug sind, daß er sie nicht nur sagen oder schreiben, sondern singen sollte: „Der Verlust des Arbeitsplatzes", so der Autor des Bundesbank-Monatsberichts 12/96, „führte bei vielen Betroffenen zur Arbeitslosigkeit." Hiermit erwies er sich dem einstigen SPD-Bundesgeschäftsführer Karlheinz Blessing ebenbürtig, dessen größte sprachliche Leistung im Volke fortlebt für alle Zeit: „Gerade, wenn es nichts mehr zu verteilen gibt, werden wir eisern darauf achten, daß das nach dem Prinzip der sozialen Gerechtigkeit abgeht." Möglich, daß es dieses Bonmot war, das bei Hans-Olaf Henkel, dem Präsidenten des Bundesverbandes der Deutschen Industrie und Beschützers der sozial Schwachen das große Umdenken herbeiführte: „Ich bin ein Fan von Solidarität mit den sozial Schwachen." Da ist er nicht der einzige. „Die größte soziale Ungerechtigkeit", sagt Bundeskanzler Kohl, „ist es, wenn Menschen, die arbeiten wollen, keinen Arbeitsplatz finden."

Ulrich Wickert im Gespräch mit Hannelore Kohl
Ulrich Wickert: „Ich bin 1,96 groß."
Hannelore Kohl: „Mein Mann ist 1,92, aber er ist größer als Sie."

Helmut Kohl ist ein Pfundskerl. Seine Hose ist sein engster Freund, und auch sein Sakko sitzt ein bißchen straff. Regelmäßig zu Ostern fährt er bekanntlich an den Wolfgangsee, um sich mal wieder so recht nach Herzenslust auf Halb-Mast zu setzen. Damit gibt er nicht nur dem adipösen deutschen Volk ein Beispiel, nein, sein bewährter Fastentrick wird sogar schon von den Eingeborenen der Sahelzone flächendeckend praktiziert: Man lasse die Vorspeise weg und nehme statt des Hauptgerichts kein Dessert. Kein Wunder, daß die Welt ihn feiert als gewichtigen Repräsentanten des schlanken deutschen Staates. Dabei ist er der einfache Kanzler geblieben, der er immer war, ein Kanzler wie du und ich. Er macht sich nicht groß

Gedanken um die *Verniemandung*, die er im Fall einer Wahlniederlage hinnehmen müßte, nein, er macht sich statt dessen Gedanken um die allgemeine *Vergleichgültigung* und das Fortbestehen unseres Volkes:

„Zur Erhöhung der niedrigen Geburtenrate in Deutschland kann ich leider nur einen bedingten Beitrag leisten."

Er weiß genau, was Leib und Seele zusammenhält:

„Wenn ich nachts aufwache, dann denke ich nicht an die Geschichte, sonderen steuere den Kühlschrank an. Wenn ich ihn dann plündere, bedeutet mir die Geschichte wenig."

Sein liebster Aufenthalt indes ist nicht der Kühlschrank, sondern die deutsche Natur: „Ich habe einmal zu Margaret Thatcher gesagt: Was für die Briten das Verhältnis zur See ist, ist für den Deutschen das Verhältnis zum Wald."

Folgerichtig bezieht er aus der Natur seine kühnsten Vergleiche. Ignoranten, die es nicht lassen können, ihn süffisant an gewisse politbotanischen Verheißungen zu erinnern, beschämt er durch sachkundige Kommentare:

„Ich habe gesagt: blühende Landschaften! Aber man muß ja nicht Botaniker sein, um zu wissen, daß erst nach der Blüte die Früchte kommen."

Ulrich Wickert im Gespräch mit Dr. Helmut Kohl

Ulrich Wickert: „Aber Deutschland war noch nie so verschuldet, wie es jetzt ist."

Dr. Helmut Kohl: „Aber Entschuldigung, das ist aber eine klassische journalistische Behauptung, die ist zwar richtig, aber das ist natürlich nicht die Wahrheit."

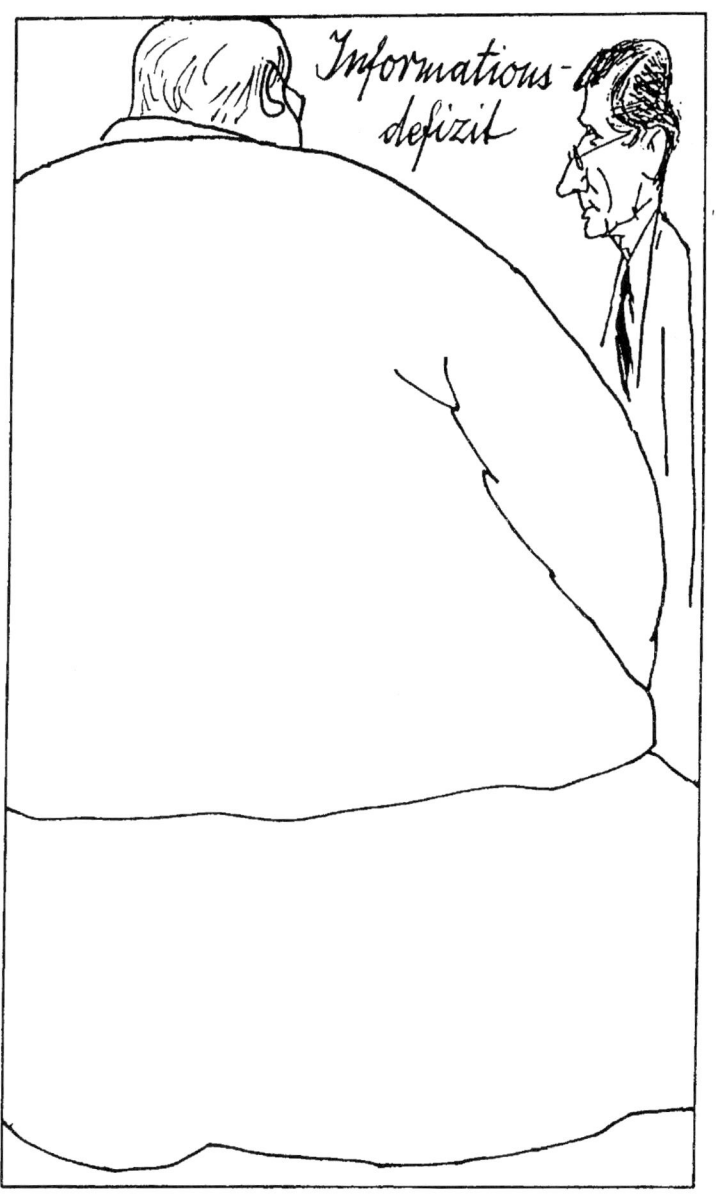

Es war mehr als nur eine Geste, als Dr. Helmut Kohl auf der Bundesgartenschau 1995 in Cottbus eine samtrote Rose mit extragroßen Blüten auf den verpflichtenden Namen *Rose Dr. Helmut Kohl* taufte. Die *Rose Dr. Helmut Kohl,* sagte Dr. Helmut Kohl bei dieser Gelegenheit, sei ebenso *stabil und gut genährt* wie er selber, die Farbe Rot aber möge er *lieber an Damen,* was ihm am meisten gefalle, seien die *leichten schwarzen Einsprenkelungen ...*

Zuvor hatte Dr. Kohl angesichts der prachtvollen Gartenschau-Gemüsebeete erklärt, daß sich Ostdeutschland *zur Wachstumsregion Nummer eins* in Europa entwickelt habe. Es versteht sich, daß der Kanzler die nahezu hundertfünfzig Reden, die er Jahr für Jahr redet, nicht auch noch von A–Z eigenhändig schreiben kann. Drei Ghostwriter arbeiten ihm zu, jeder von ihnen ein Stilist von hohen Graden: Das gilt für Ministerialrat Michael Mertes, für Hubertus von Morr, Vortragender Legationsrat 1. Klasse, und für Edelfeder Christoph Hoppe, Hauptmann der Reserve, gleichermaßen. Für jeden einzelnen der Drei läßt der Chef gelten, was er neidlos auch dem türkischen Ministerpräsidenten Mesut Yilmaz zugestand:

„Er kann besser Deutsch wie wir!"

Bei einem so potenten Autorenkollektiv wundert es mich nicht, daß die Reden so ungeheuer losgehn, sogar die Steuer-Erklärungen, die Dr. Kohl speziell seit 1990 immer mal wieder vorträgt:

März 1990: „Ich halte nichts von Steuererhöhungen."

November 1990: „Wenn ich dem Bürger vor dieser Wahl sage: Wir machen keine Steuererhöhungen im Zusammenhang mit der deutschen Einheit, dann machen wir keine."

November 1990: „Wir machen auf keinen Fall Steuererhöhungen."

November 1990: „Wir reden vor der Wahl nicht anders als nach der Wahl."

März 1991: „Ich habe mich eben geirrt ..."

Offenkundig hat weder Mertes noch von Morr noch Hoppe dem Boss gesagt, was ich ihm hätte sagen können. Es war eine Schnapsidee, die Einheit aus der Portokasse finanzieren zu wollen. Der deutsche Bundeskanzler hätte nichts weiter tun müssen, als der Deutschen Telekom einen entsprechenden Auftrag zu erteilen; nicht der Deutschen Bundesbank, nicht der deutschen Bundesregierung, nicht der deutschen Treuhandanstalt, sondern der Deutschen Telekom!

Denn bei der Telekom kostet die Einheit nur ganze 12 Pfennig.

VERWANDELN SIE SICH

In eine wunderschöne Frau

NATURGE-TREUE PERÜCKEN

Immer perfekt frisiert, verstellbar und absolut überzeugend, viele verschiedene Farben.

NATURGETREU GEFORMTER BUSEN

Bekommen Sie einen wahrhaft femininen Busen, der groß genug ist, einen BH zu füllen.

HÜFT-UND PO-FORMER-EINLAGEN

Bekommen Sie sofort einen wunderschönen, gerundeten und äußerst femininen Po, der bei jedem Schritt sexy aussieht.

HOHE LACK-STÖCKELSCHUHE

Diese 15cm hohe Lack-Stöckelschuhe verleihen Ihnen einen sehr eleganten Gang.

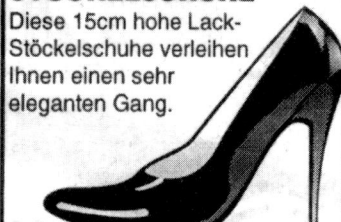

FARBKATALOG NUR DM 10,-

VOLLGEPACKT MIT:-
GRUNDAUSSTATTUNG, KORSETTS, TAILLENMIEDER, ABENDKLEIDER, UNTERWÄSCHE, FEMINISIERUNGSPRODUKTE PLUS VIELE EXKLUSIVE ARTIKEL
WIR SIND AUF ÜBERGRÖSSEN SPEZIALISIERT.

Bitte schicken Sie Ihren Scheck oder Ihre Kreditkarten-Nummer mit Ablaufdatum an:

TRANSFORMATION (Abt. BDPR1)
Osterbekstraße 90a · 22083 HAMBURG

Immobilien

148

Die geschminkte Wahrheit

1492 entdeckte Kolumbus die neue Welt. Er landete auf Inseln, die von überraschend vielen Menschen bewohnt waren. „Von ihnen allen", notierte er, „habe ich durch Proklamation und mit entfaltetem königlichem Banner Besitz ergriffen, und mir wurde nicht widersprochen."

Heiraten / weibl.: Tapfere, alleinstehende, kinderreiche, wohnungssuchende Mutter, Sozialfall, sucht Milliardär mit Sinn für alles Schöne ...
Heiraten / männl.: Skrupelloser habgieriger Heiratsschwindler sucht steinreiche, leichtgläubige Witwe ...
Anzeigen dieser Güte kommen bis heute im sogenannten Blätterwald nicht vor. Auch künftig wird es sie wohl nicht geben. Warum nicht? Weil mit solchen Wahrheiten kein Geschäft zu machen ist. Dieser Logik folgend, verstand sich der nazistische STÜRMER als *Deutsches Wochenblatt zum Kampfe um die Wahrheit*, und ein nazistisches Wochenblatt zum Kampfe um die Wahrheit beschrieb die Besetzung Norwegens selbstverständlich als *militärische Inschutznahme*. Die Nazis praktizierten zwar Völkermord, redeten öffentlich jedoch nicht von Massenvernichtung, sondern von *Entfernung*, *Ausschaltung* oder *Sonderbehandlung* der Juden.
In Chile ließ General Pinochet, wie Isabel Allende berichtet, nach dem Militärputsch 1973 die Wörter *Freiheit* und *Genosse* verbieten. Die Agitatoren des großen Conducators Ceausescu umschrieben die strenge Lebensmittelrationie-

rung in der rumänischen Volks-Demokratie mit der Formel *Programm der wissenschaftlich begründeten Ernährung.* Und in der DDR mußte eine Ärztin auf die ultimative Bitte eines Hauptmanns der Staatssicherheit hin den Totenschein eines Mannes ändern, der an der Mauer erfolgreich erschossen worden war: Todesursache nicht *Herzdurchschuß*, sondern *Herzzerreißung.*

Statistisch strebte im Lande der Herzzerreißungen die Kriminalität gegen null; einem Staatsanwalt gelang es, dieser Sprachregelung zu gehorchen und doch bei der Wahrheit zu bleiben: „Man muß feststellen, daß die ständige Senkung der Kriminalität zur Zeit eine gegenläufige Tendenz hat." Ein unangenehmer Trend, der auch dadurch nicht zu stoppen war, daß die Staatsanwälte die Fahrraddiebstähle zu *Fahrradverlusten* entschärften.

Sagten wir die Wahrheit ungeschminkt, sie würde von den sympathischen Herren, die uns Gehälter, Honorare oder sonstige Alimente zahlen, als Frechheit und Unverbrämtheit empfunden. Da trifft es sich gut, daß wir auf den Euphemismus zurückgreifen können, auf den finalen Rettungsstuß.

Der Euphemismus – die Schönrednerei, das kreative Aufhübschen – ist von der allgemeinen Krise der Ismen nicht betroffen. Ich wage sogar die Prognose, daß er niemals in eine Krise kommen wird. Seiner bedürfen wir, damit des Kaisers neue Kleider zur *wahren Wirklichkeit* werden, auch wenn diese nur ein sprachliches Konstrukt sein sollte, aber was heißt in diesem staatsnahen Zusammenhang schon *nur!* Die berühmte Glienicker Brücke zwischen Potsdam und Berlin, die bis 1989 Berlin/West von Potsdam sowie das Weltfriedenslager vom Nichtsozialistischen Währungsgebiet (NSW) trennte, hieß *Brücke der Einheit*, trotz alle-

150

dem. Was gestern noch eine Sauferei war, kann heute schon ein *Arbeitsessen* sein. Opportunismus nennen wir besser *Lernprozeß*. Und früher in der damals noch künftigen Ex-DDR wurden kurioserweise jene wegen *Staatsverleumdung* angeklagt, die so phantasielos waren, die Wahrheit zu sagen. Ich selbst hatte in meiner Jugendzeit die garstige Wirklichkeit soweit verdrängt, daß ich, als ich in Leipzig Kabarett spielte, euphemistisch annahm, ich spielte Kabarett; Stasi-Sachbearbeiter, Staatsanwälte und Volksrichter gaben sich redliche Mühe, mir klarzumachen, daß ich nicht Kabarett gespielt, sondern *fortgesetzt handelnd durch staatsgefährdende Hetze und Propaganda die politisch-ökonomischen Grundlagen der Arbeiter-und-Bauernmacht in der Deutschen Demokratischen Republik angegriffen* hatte.

*

„Wenn ich ein Wort benutze", sagt Humpty Dumpty in Lewis Carrolls *Alice im Spiegelland*, „dann hat es die Bedeutung, die ich ihm zu geben beliebe – nicht mehr und nicht weniger."
„Die Frage ist bloß", wendet Alice ein, „ob Sie imstande sind, die Wörter so viele verschiedene Dinge bedeuten zu lassen."
„Es geht nur darum", so Humpty Dumpty, „wer in diesem Fall der Herr und Meister ist..." *

---

*) „When I use a word", Humpty Dumpty said, in rather a scornful tone, „it means just what I choose it to mean – neither more or less."– „The question is", said Alice, „whether you can make words mean so many different things."
„The question is", said Humpty Dumpty, „which is to be master ..."

Der Herr und Meister. Er hat die Machtvollkommenheit, eine Parteidiktatur mit dem Begriff *sozialistische Demokratie* zu etikettieren, eine Wirtschaft in Staatsbesitz als *Volkseigentum* zu bezeichnen, eine von blauen Bohnen umschwirrte Mauer als *Antifaschistischen Schutzwall*, die Demontage von nicht weniger als fünf Bundesländern als *Aufschwung Ost*; er kann seinen Kondomladen *Fachgeschäft für Erektionsbekleidung* nennen; er kann, wenn er Nazi ist, seine Freunde *Antiantifa* nennen und seine Feinde *Demokröten*, er kann seine Soldaten *Friedensdurchsetzungsstreitkräfte* (peace implementation forces) nennen, und er kann eine Wirtschaftsdiktatur, die Menschen mit unheilbarer Erwerbsneigung millionenfach ausgrenzt, zur *sozialen Marktwirtschaft* verklären.

Es ist ein Unterschied, ob man sich damit begnügen muß, eine Sprache nur zu beherrschen, oder ob man auf dem Weg nach oben soweit emporkommt, daß man über eine Sprache herrscht.

Heutzutage scheint es ein ungeschriebenes Gesetz zu sein, blauäugig aus der Wäsche zu kucken und so zu tun, als gäbe es weder Sprachregelungen noch Kampfvokabeln, als herrschte überhaupt keiner über die Sprache, nicht einmal Wolfgang Schäuble („Weniger Demokratie wagen!").

Vor 500 Jahren jedoch scheuten sich Potentaten nicht, deutlich zu werden. Auf dem Konzil von Konstanz gebrauchte Kaiser Sigismund in seiner Rede über die *Kirchenspaltung* den griechischen Terminus *Schisma*, und zwar gebrauchte er ihn nicht als sächliches, sondern als männliches Wort, was leider genauso unrichtig wie falsch war. Ein subalterner Grammaticus wagte es, die Majestät auf den ungewöhnlichen Allerhöchsten Sprachgebrauch aufmerksam zu machen. Nun sind kritische Hinweise aus dem Volk bis auf den heutigen Tag genau das, was man bei Hofe besonders gern hört, und so mußte der Kaiser denn wohl oder übel mal wieder *Fraktur reden.*

„Ich", sprach er, „bin römischer Kaiser und stehe über den Grammatikern!"

Dies war ein sogenanntes Machtwort, und an Machtworten erkennt auch der politisch eher desinteressierte Laie die Macht des Wortes besonders deutlich.

Der Herr und Meister also.

Er ist es, der die *virtuelle Realität* schafft, die uns heimelig umgibt.

Der Bundesfinanzminister nennt Steuer*erhöhungen* gern *Einnahmeverbesserungen,* und das Hinausbaggern von Steuergeldern aus Bonner Fenstern heißt in seinem Sprachgebrauch *konsequente Fortsetzung des Sparkurses.*

Die Präsidentin des deutschen Parlaments nennt Diäten*steigerungen* lieber Diäten*anpassungen;* spricht hingegen der Bundesrentenminister von Renten*anpassungen*, handelt es sich merkwürdigerweise um Renten*kürzungen.*

Der Postminister wiederum versteht unter *Gebührenanpassungen* dann wieder das Gegenteil, nämlich Gebühren*erhöhungen*, und die zwanghafte Schließung der allerletzten Poststellen nennt er *Filialnetzoptimierung.*

Streckenstillegungen bei der Bahn AG heißen *Angebotsumstellungen.* Die Entlassung von Arbeitskräften heißt *Strukturwandel*, *Betriebsoptimierung, Stellenabbau* oder *Personalentsorgung*, und das segensreiche Wirken der Treuhandanstalt beschrieb der sprachkundige Autor einer bunten Zeitschrift haargenau so, wie sein Chef es lesen wollte. Der brave Verfasser schrieb nicht: *2,5 Millionen von 4 Millionen Arbeitsplätzen wurden vernichtet*; er schrieb:

Von mehr als 4 Millionen Arbeitsplätzen bleiben 1,5 Millionen gesichert.
Einlassungen dieser Güteklasse weiß ich zu schätzen, selbst wenn sie von wesentlich kleinerem Kaliber sind wie die folgende Meldung: *Die Vorfahrt war wieder einmal schuld an einem PKW-Zusammenstoß.*
Ein ähnlich übermächtiges Verlangen nach Harmonisierung, sprachlichem Wohlklang und Lifestyle-Eleganz brachte Gerhard Höllerich einst auf die Idee, seinen guten, alten Namen Gerhard Höllerich in *Roy Black* umzustylen. Die „Star-Esoterikerin" *Penny McLean* hörte in ihrer Kindheit gar auf den Namen Gertrud Schwiefelmeyer, der sie trotz boomender Esoterikbranche zu lebenslanger Armut verdammt hätte. Und der Bundesnachrichtendienst teilte seinem dreieinhalb Zentner schweren IM Alexander Schalck-Golodkowski den zierlichen Decknamen *Schneewittchen* zu.

*

Die Wirklichkeit läßt mitunter stark zu wünschen übrig. Darum nennen wir Dicke, falls wir es gut mit ihnen meinen, besser *vollschlank*. Ich kann, wenn ich unrasiert bin, sagen, ich sei unrasiert, ich kann die Stoppeln aber ebenso gut einen *Dreitagebart* nennen. Ich hab ein Mund, heißt es altdeutsch, dem geb ich zu essen, der muß reden, wie ich will.
Warum nennen wir Unkraut noch immer Unkraut, nicht aber, wie ich seit langem vorschlage, *Spontanvegetation*!
Ich kann meinen Gemüsestand als *Vitamin-Boutique* bezeichnen oder meinen Friseurladen als *Hair Station/ Beauty Shop*.
Kein einziger Staubsauger-Vertreter nennt sich mehr Ver-

treter, sondern wenigstens *Systemqualitätsrepräsentant* oder *Projektapplikationsländergruppenleiter.*

Ein *Suicid* ist bei weitem nicht so *letal* wie ein Selbstmord tödlich. Es muß schon ein Billig-Begräbnisreferent sein, der die Karriere zum *Nekrologautor* noch immer nicht gemacht hat, und es ist nur eine Frage der Zeit, daß die Zahntechniker *Oraldesigner* heißen.

Die Lüge ist keine Lüge, sondern – wenn's schlimm kommt – die *Unwahrheit*, eine *Schutzbehauptung* oder eine *Glaubwürdigkeitslücke.* Aus berufenem Munde wissen wir, was Arbeitslosigkeit ist: ein *kollektiver Freizeitpark.* Jede Tarifverhandlung ist *aus Arbeitgebersicht* längst zum *Lohnraub* geworden, Korruption zum *Politsponsoring*, Bestechung zur *Belohnungsannahme.* Unterschlagung und Steuerhinterziehung sind *Unregelmäßigkeiten.* Die Müllkippe wurde zum *Entsorgungspark*, das Obdachlosenasyl zur *Schlichtwohnung*, die Massenvernichtung zum *Holocaust*, und Hitlers demokratischer Wahlsieg 1933 war, da sind wir ganz sicher, eine *Machtergreifung.*

Wenn eine Bank wie die Commerzbank mit ihren *kreativen Buchungsmöglichkeiten*, wie 1996 geschehen, jahrelange kriminelle *Schmälerung* der Steuerlast eingestehen muß, spricht sie nicht von Steuermanipulationen, sondern von *Unrichtigkeiten*, die in die Jahresabschlüsse Eingang gefunden hätten, und von *Wertberichtigungen*, die *steuerlich unrichtig zugeordnet* worden seien. Und, sagen Sie selbst, klingt *negative Deckungsreserve* nicht viel gefälliger als das peinliche Wort Schulden!

Einer der Starautoren eines großen deutschen Nachrichten-Magazins, der zu präzisen Formulierungen durchaus imstande ist, nennt den Nazismus gelegentlich *kollektives Ausrasten der Deutschen zwischen 1933 und 1945.*

155

Die Niederlage Nazideutschlands im 2. Weltkrieg ist längst zum *Ende des 2. Weltkriegs* sprachgeregelt, und das *Museum der bedingungslosen Kapitulation des faschistischen Deutschlands im Großen Vaterländischen Krieg* heißt inzwischen *Museum Berlin-Karlshorst*.

Es mag an Scham und Mitgefühl liegen, daß die bei Arbeitsämtern angestellten Arbeitnehmer ihre Schäfchen nur ungern Erwerbslose nennen, sie sprechen lieber von *Ratsuchenden*, *Kunden* oder *Publikum*. Und Bernhard Jagoda von der Nürnberger Anstalt für Arbeitslosigkeit verkraftet seine Depressionen entschieden besser, wenn er seine Arbeitslosen als *brachliegendes Humankapital* bezeichnet.

Es versteht sich von selbst, daß wir, um *Sozialneid* zu vermeiden, die Reichen nicht Reiche nennen, sondern *Besserverdienende* oder *Leistungsstarke*. Analog dazu nennen wir die Armen nicht Arme, sondern *sozial Schwache*, und zwar aus einem sehr plausiblen Grund: *Schwache* sind beklagenswerte, hilflose Objekte unserer Liebe und Fürsorge; wir schütten sie mit Spenden zu, die wir von der Steuer absetzen. Arme dagegen wären im ungünstigen Fall handelnde Subjekte, die vom rechten Wege, den Innenminister und Grundgesetz uns weisen, abweichen und die Schließung der *Gerechtigkeitslücke einfordern* könnten oder gar das überfällige Ausbalancieren der *sozialen Schieflage*, wenn's ganz schlimm kommt, trotz *Vermummungsverbots* sogar vermummt und in der wenig ansprechenden Mode der *Chaoten*.

*

Der sachgemäße Umgang mit Euphemismen ist normalerweise ein Kinderspiel. Man muß bloß aufpassen, daß einem nicht plötzlich und unerwartet die sogenannte Wahrheit entschlüpft.

So etwas stieß dem Erfurter Bürgermeister Ruge (CDU) im Bundestagswahlkampf 1994 zu, als er das Parteiprogramm der Erfurter Christdemokraten erläuterte. Um speziell Frauen für den Kurs der Christdemokraten zu begeistern, hob er *mit realem Optimismus* hervor: „Das Amt für Wirtschaftsförderung soll privatisiert werden, besonders Frauen soll der Wiedereinstieg in das Privatleben ermöglicht werden."

Übrigens ist dieses Versprechen mittlerweile eingelöst worden. Pikant ist die Verheißung vor allem, weil die CDU eine dezidiert sprachsensible Partei ist. Anfang der siebziger Jahre dröselte der damalige spezialdemokratische Bundeskanzler Willy Brandt den verschwiemelten Begriff *Außenpolitik* auf in Sülzbegriffe wie *Reformpolitik*, *Ostpolitik* oder *Friedenspolitik*.

Um *Semantik-Willy* auszubremsen, gründete 1973 die CDU eigens eine *Projektgruppe Semantik*, der natürlich CDU-Generalsekretär Kurt „Professor" Biedenkopf nicht nur schlechthin angehörte, er tat sich selbstredend auch selbst redend hervor mit gelehrten Redensarten. Auf dem 18. CDU-Parteitag in Hamburg empfahl er seiner Partei, Begriffe wie *Freiheit* und *Solidarität* für die CDU zu vereinnahmen, gleichsam zu privatisieren. „Was sich heute vollzieht", sagte er, „ist eine Revolution der Gesellschaft durch die Sprache. Der politische Erfolg unserer Partei wird entscheidend davon abhängen, ob es uns gelingt, eine Sprache zu finden und zu praktizieren, die unsere Sprache ist."

Damals begnügte sich die CDU noch damit, Begriffe zu

besetzen und nicht die schönsten Urlaubsgebiete des Balkans. Die Verbalartisten der *Projektgruppe* verwarfen die Parole *Säcke statt Kartoffeln* und ersannen statt dessen im Interesse der *politischen Willensbildung* den Slogan *Freiheit statt Sozialismus*; den Seglerterminus *Halse* ließen sie links liegen, putzten dafür aber speziell für Helmut Kohl die *Wende* so liebevoll heraus, daß siebzehn Jahre später sogar der 50-Tage-Generalsekretär Egon Krenz dieses Bild von einer *Wende* hoffnungsvoll aufgriff, weil er es mit einem politischen Rettungsfloß verwechselte.

Von den Vereinigten Staaten lernen, heißt siegen lernen. Darum ziehen wir dem Krieg die *friedenschaffenden Maßnahmen* vor. US-Militärexperten arbeiten zur Zeit mit guten Aussichten auf Erfolg an der Entwicklung eines *intelligenten Geschosses,* das so *intelligent* ist, daß es selbständig auch all jene hakenschlagenden Ziele trifft und vernichtet, die sich durch Flucht dem finalen Treffer entziehen möchten. Offenbar fühlt sich das US-amerikanische *Verteidigungsministerium* zu dieser *intelligenten* Sprachregelung ermutigt, seit eine Sprachbeobachterkommission zur Zeit des Golfkriegs das Pentagon mit dem *Großen Preis des Euphemismus* ehrte, und zwar für die Begriffe *intelligente Waffen*, *Kraftpaket* (für ein Bombenflugzeug) und *Zieldienst* (für ein Bombardement).

Merke: immer das rechte Wort zur rechten Zeit am rechten Ort! Nicht etwa Abschiebung von Asylbewerbern, sondern *aufenthaltsbeendende Maßnahmen*. Nicht etwa Rassenhaß oder Russenhaß, sondern *berechtigte Sorge der Bevölkerung*.

Natürlich kannst du, wenn es nun mal leider stimmt, sagen: In Solingen sind infolge einer deutschnationalen Brandstiftung fünf Türkinnen verbrannt. Du könntest aber mit einem gewissen Recht auch sagen: *In Solingen sind erfreulicherweise drei Wohnungen frei geworden.*

In der Sportpresse ist folgende Meldung jederzeit denkbar: Zur maßlosen Enttäuschung ihrer Fans belegte Schwimmstar Franzi van Almsick bei den Deutschen Schwimmeisterschaften wieder nur Platz 17.

Ich allerdings zöge eine humanitäre Meldung mit dem folgenden Wortlaut vor: *Zur Freude ihrer Fans ist Werbestar Franzi van Almsick bei den Deutschen Schwimmeisterschaften auch in dieser Saison wieder nicht ertrunken.*

Im April 1997 wird die letzte Zeche im Aachener Bergbaurevier dichtgemacht. Der Reporter vom WDR-Fernsehen fragt einen 41jährigen Bergmann: „Wie geht's jetzt bei Ihnen weiter?"

Bergmann: „Ich steh dem freien Arbeitsmarkt zur Verfügung ..."

Reporter: „Das haben Sie sehr schön gesagt – heißt das, Sie sind dann arbeitslos?"

Bergmann: „Ja, wat denn sonst!"

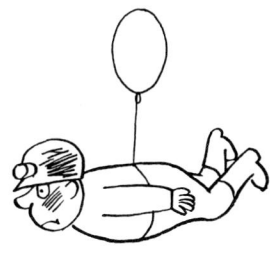

Die neue deutsche Glaubwürdigkeit

Wir stehen am Anfang einer Zeitenwende!
Das bürgerlich-kapitalistische Zeitalter ist vorbei.
Dem Sozialismus gehört die Zukunft!
CDU-Wahlplakat, Berlin 1946

Pastor Jürgen Fliege, ein gottgefälliger ARD-Dampfplauderer der Meiser-Klasse, hat manchmal Pech. Bei seinen Talkshow-Gästen setzt er voraus, daß sie strikt das 5. Gebot befolgen, wenn sie in seiner Sendung für ein Honorar von fünfhundert Mark schon mal den Mund aufmachen dürfen. Dennoch kommt es vor, daß er gelinkt wird, nicht oft, aber immer öfter.

Ricardo (34) gab in einer Fliege-Talkshow zum Thema *Seit meiner Scheidung bin ich glücklich* als „verlassener Ehemann" freimütig Auskunft. Er versuche gerade, bekannte er vor laufender Kamera, nach schwerer Enttäuschung einen Neuanfang „mit einem natürlichen, netten Mädchen" – na, aber da stockte den Girlies in den alten und neuen Bundesländern der Atem. Die Pornoszene dagegen lachte sich halb tot. Sie kannte Ricardo besser, nämlich als Hardcorepornorammler, der in Filmen wie TEENIE REPORTS die natürlichen, netten Mädchen nach allen Regeln der Kunst hardcoremäßig durchvögelt.

Daß zu Flieges Kundschaft massenhaft Pornofilmfreunde zählen, läßt sich denken. Jedenfalls stellte sich schnell heraus, daß Schlitzohr Ricardo den Passen-Sie-gut-auf-sich-auf-Moderator total cool vorgeführt hatte. Tags darauf klagte ein zerknirschter Fliege, er sei das Opfer von Lüge und Verrat geworden.

Wer Fliege-Sendungen schätzt, mag versucht haben, ihm das zu glauben. Es war aber nicht leicht, denn Flieges Produktionsfirma TELETIME muß von Ricardos pikantem Beruf gewußt haben; sie hatte nämlich Ricardo bereits vor der *Scheidungs*-Sendung für eine weitere Show verpflichtet, in der er seine Erfahrungen zu einem absolut geilen Thema preisgeben sollte: *Striptease zu Hause: die Frau als Nummerngirl.*

Beim Fernsehen wimmelt es nur so von Tele-Schwindlern, die sich gegen ein kleines Handgeld eloquent, phantasiereich, unterhaltsam und nach Möglichkeit ein bißchen schweinisch zu jedem beliebigen Thema äußern.

Fernsehhistoriker Guido Knopp beispielsweise erklärt zur Freude aller zeitgenössischen Heil!praktiker in immer neuen Varianten, daß der Nazismus von Hitler und *Hitlers Helfern* allein veranstaltet worden sei, ohne fremde Hilfe und gegen den massiven Widerstand der deutschen Wirtschaft, dies vor allem! Marc Bronner hat schon bei Arabella Kiesbauer (Pro 7) zum Thema *Zwitterwesen* gelogen und auch bei Bärbel Schäfer (RTL) zum Thema *Getrennte Betten – gemeinsame Wohnung.* Fernsehfälscher Michael Born verdanken wir die Gewißheit, daß Authentizität im Fernsehen eine Fiktion ist. Er schwindelte für allerlei TV-Produktionsgesellschaften und Sender virtuell-politische Kurzfilme zusammen und wurde vom Landgericht Koblenz als schamloser Einzeltäter empfindlich verknackt – natürlich nicht, weil er gefälscht hatte, sondern weil er sich hatte erwischen lassen.

Nur durch gnadenlos harte Einzeltäter-Urteile läßt sich – vielleicht – der Eindruck aufrechterhalten, daß einzelne schwarze Schafe schuld sind und nicht etwa ganze Sender oder gar die Gesamtheit der Sender. Die *Glaubwürdigkeit*

Der Lostreter

Der Nachkarter

Der Draufsattler

163

der deutschen Medien muß verteidigt werden bis zur letzten Matrone, zum Beispiel die *sehr große Glaubwürdigkeit der Sendung SCHREINEMAKERS LIVE* (O-Ton Margarethe Schreinemakers), auch natürlich die *Glaubwürdigkeit* der Wrestling-Kämpfe und Kanzlerinterviews sowie die *Glaubwürdigkeit* der News, sofern sie von falschen Fuffzigern wie Peter Hahne oder Ulrich Meyer rezitiert werden.

*

Weltweit gibt es nicht weniger als 24 Heilige Röcke, die Jesus Christus auf seinem letzten Gang nach Golgatha trug. Einer dieser Röcke ist bekanntlich in Trier eingemottet, Gläubige und Gutgläubige dürfen ihn von Zeit zu Zeit besichtigen. Der Andrang ist jedesmal groß – trotz Luthers Warnung, bei diesen Rock-Festivals handle es sich um „eyne grosse Bescheysserey". Und der *Schatz des Priamos* (Vorsicht, *Beutekunst*!) ist nichts weiter als Schliemannscher Etikettenschwindel. Schon als der mehr oder minder ehrliche mecklenburgische Finder ihn ausbuddelte am Hügel von Hissarlik, beschloß er, daß dies auf gar keinen Fall der Schatz eines trojanischen No-Name-Kings sein dürfe. Geschäftlich entschieden günstiger schien es ihm da schon zu sein, diese offene Vermögensfrage zugunsten des durch die Literatur geadelten, historisch prominenten Königs Priamos zu regeln. Homer muß sein!

Mir liegt daran, nicht falscher als nötig verstanden zu werden, darum erwähne ich ausdrücklich, was mir fernliegt. Mir liegt fern, Wahrheitsdefizite moralistisch auf die Goldwaage zu legen. Ich meine sogar, es sollte, da Lug und Trug noch immer so schrecklich negativ beleumdet sind, nun aber endlich mal einer ein Machtwort sprechen, möglichst eine Autorität wie Montaigne.

„Ich", sagt Montaigne, „will dem Betrug seinen Rang nicht nehmen. Das hieße die Welt schlecht verstehen. Ich weiß, daß er oft nützliche Dinge geleistet hat und daß er die meisten Stände der Menschen nährt und erhält."

Es kommt vor, daß bremische Hanseaten etwas verschenken, am liebsten das, was ihnen nicht gehört. Und es kommt auch vor, daß sie sich was unter den Nagel reißen. Der bremische Großkaufmann Adolf Lüderitz erwarb 1883 eine ansehnliche Parzelle im südwestlichen Afrika, die das Deutsche Reich 1884 als Kolonie Deutsch-Südwestafrika hurtig *unter den Schutz des Deutschen Reiches* stellte. Noch heute ist Namibia voller Bewunderung für deutschen Geschäftssinn; denn Lüderitz ließ seine afrikanischen Verhandlungspartner Kaufverträge unterschreiben, in denen die Seitenlängen der Immobilie präzise mit dem Längenmaß *Meile* angegeben wurden. Daß die Bantu-Geschäftspartner mit der britischen Meile (1609 Meter) rechneten, war allein ihr Problem. Lüderitz jedenfalls, als Feind *des perfiden Albion*, rechnete mit der deutschen Meile (7420 Meter), der besten Meile der Welt, so daß allein schon das lüderitzsche Umrechnungsverhältnis das ohnehin schnäppchenartig preiswerte Grundstück auf ein knappes Viertel verbilligte.

*

Mihai Barbulescu, Mitarbeiter des Staatlichen Wetterdienstes im Rumänien der Ceausescu-Epoche, berichtet, den Meteorologen sei es damals auf allerhöchsten Befehl verboten gewesen, die Temperaturen in der kalten Jahreszeit offiziell unter minus 15 Grad Celsius absacken zu lassen, ganz egal, wie kalt es tatsächlich war. Unter minus 15 Grad begann die Konterrevolution.

Auf Weisung des Ministeriums für Staatssicherheit der DDR mußte der Tourist-Verlag Berlin/Leipzig Landkarten manipulieren. Falsche Entfernungsangaben und parteilich verzerrte Straßenverläufe in Grenznähe sollten *Westagenten und Republikflüchtigen* die Orientierung bei geplanten Grenzverletzungen *zuverlässig* verunmöglichen.

Nationalpreisträger Erik Neutsch erklärte seinen Roman NAHE DER GRENZE, der zu Beginn der achtziger Jahre erschienen war, 1990 für ungültig und begründete diesen Rückruf mit seiner historisch voreiligen, wenngleich zunächst geschäftlich vorteilhaften, Verherrlichung des 68er Einmarsches sozialistischer Bruderarmeen in die brüderlich verbundene Tschechoslowakei. In einem Entschuldigungsbrief an den Schriftstellerkollegen und Staatspräsidenten Vaclav Havel versprach Autor Neutsch, so was nie wieder zu tun und seinen Roman den neuesten Erkenntnissen der Geschichtsschreibung (Baring! Jäckel!) anzupassen und zugleich aufzupassen, daß die Russen diesmal nicht wieder so gut dabei wegkommen, sondern eher schlecht.

Darf's für'n Groschen Mär sein?

Das Flunkern in der DDR hatte einen ganz eigenen rührenden Charme. Am 13. Oktober 1948 förderte der Bergmann Adolf Hennecke im Zwickau-Oelsnitzer Revier 24,4 Kubikmeter Steinkohle. Das entsprach einer bis heute für unmöglich gehaltenen Normerfüllung von 387 Prozent. Mit dieser Leistung wurde Hennecke infolge nichtendenwollender Pressekampagnen zum ruhmreichen ersten *Aktivisten* auf deutschem Boden. Insider berichten glaubhaft, diese Ehre hätte wegen noch ruhmreicherer Normübererfüllung einem ganz anderen Häuer gebührt. Wenig, so hieß der verhinderte Aktivist – Sepp Wenig. Wenigs ehrlicher Name indes eignete sich aus semantischen Gründen wenig für Agitation und ebenso wenig für Propaganda, so daß anstelle der *Wenig-Bewegung* die *Hennecke*-Bewegung entstand.

Und kennen Sie eigentlich die Hauptschuldigen am Bau der Berliner Mauer? Es waren die Bauarbeiter. Obwohl sie es noch immer abstreiten! Infolge einer spontanen Entscheidung zogen sich die Bauarbeiter im August 1961 aus dem Wohnungsbau zurück und bauten aus einer Laune heraus an der Nahtstelle der beiden Weltsysteme eine imposante Mauer. Walter Ulbricht wurde von dieser Disziplinlosigkeit kalt erwischt. Wenige Tage zuvor hatten ihn westliche Reporter noch gefragt, ob er eventuell beabsichtige, eine Mauer bauen zu lassen, doch W. Ulbricht antwortete nach bestem Wissen und Gewissen dies: „Mir ist nicht bekannt, daß solche Absichten bestehen, da sich die Bauarbeiter der Hauptstadt hauptsächlich mit Wohnungsbau beschäftigen und ihre Arbeitskraft dafür voll eingesetzt wird. Niemand hat die Absicht, eine Mauer zu errichten."

Die Bauarbeiter also! Sie tragen die Verantwortung dafür, daß Ulbrichts *Glaubwürdigkeit* schweren Schaden erlitt. Dieser Vertrauensschwund läßt sich einer Aktennotiz über die Beratung der SED-Gebietsparteileitung Wismut am 3. November 1961 entnehmen. „Es fällt einer Reihe von Genossen schwer", schätzt Genosse Mohr, der Wismut-Parteisekretär für Agitation und Propaganda, ein, „die Lage in Westdeutschland richtig einzuschätzen. So bezweifeln einige Genossen noch immer die Einschätzung des Genossen Walter Ulbricht, daß Westdeutschland zu den rückständigsten Ländern Europas gehört."

Fließend ist der Übergang von der Phantasie zur Unwahrheit. Statistiker schreiben jedem Menschen ein Tagespensum von 200 Lügen zu. Auch dies kann, da es sich um Statistik handelt, gelogen sein. Dennoch gilt: Was jedem Menschen zusteht, steht auch dem Politiker zu – 200 Lügen als Grundquantum. Wenn wir allerdings bedenken, daß ein politischer Willensbildner entschieden mehr abkassiert als Otto Normalverdiener – nämlich, um nur mal das Unwichtigste zu nennen, Diäten, Schmier- und Übergangsgelder, Frühpensionen, Politsponsoring in Gestalt wohldotierter Druck- und Aufsichtsratsposten, sollten wir nicht zögern, ihm ein Vielfaches zuzugestehen – 1000 Lügen wenigstens, davon 500 faustdicke. Erst die Lüge, versichert der französische Lügenforscher Marcel Eck, mache ein Leben in der Gemeinschaft möglich; nicht die Wahrheit zu sagen, sei oftmals Pflicht. Oder Parteidisziplin. Die Lüge, spricht weise der Weise, ist das Double, das die Wahrheit in gefährlichen Situationen vertritt.

*

1993 trat der dänische Ministerpräsident Poul Schlüter von seinem Amt zurück. So was kommt vor. Wesentlich seltener jedoch ereignet sich die Begründung dieses Rücktritts. Er habe, sagte Schlüter zerknirscht, das dänische Parlament *belogen*. Ein starkes Stück! So großherzig die Lüge im gesellschaftlichen Umgang toleriert wird, so verpönt ist sie in gewählten Volksvertretungen, ganz gleich ob sie im Gewand der Steuer-, der Lehrstellen- oder der Rentenlüge auftritt.

Ein Belügen des Parlaments wäre in Deutschland heutzutage undenkbar.

So etwas hat sich der Ulbricht erlaubt! Und möglicherweise der Kanzler Hitler. Wenige Tage, bevor polnisches Militär bei Nacht und Nebel den deutschen Rundfunksender Gleiwitz heimtückisch überfiel, sagte der Führer und Kanzler Adolf Hitler vor der versammelten Wehrmachtsführung: „Ich werde propagandistischen Anlaß zur Auslösung des Krieges geben, gleichgültig, ob glaubhaft. Der Sieger wird später nicht danach gefragt, ob er die Wahrheit gesagt hat oder nicht."

Für zeitgenössische Kanzler gilt diese Faustregel nicht mehr. Kanzler Dr. Kohl bestätigte dies ausdrücklich im Interview mit Sigmund Gottlieb vom Bayrischen Rundfunk: „Wir sagen immer die Wahrheit, und vor allem ich." Dieser Grundsatz übrigens gilt in der christdemokratischen Partei ganz allgemein, sogar in Thüringen. Jörg Schwäblein, CDU-Fraktionsvorsitzender im Erfurter Landtag, formulierte es so: „Politiker lügen nicht, aber wenn sie ausnahmsweise doch einmal lügen, dann dient das der Wahrheitsfindung."

Mißgünstige Ostalgiker machen sich einen Sport daraus, den Bundeskanzler immer wieder an seine volkstümliche Prophezeihung von den *blühenden Landschaften** zu erinnern. Sogar mit hämischen Epigrammen wird er bombardiert:

Es grünt. Es blüht. Die Sonne lacht.
Kein Glatteis mehr, kein Schnee, kein Frost.
Das hat der Kanzler Kohl gemacht,
er nennt es Aufschwung Ost.

---

*) „Ich sage Ihnen, meine lieben Mitbürger, voraus, daß die neuen Bundesländer in drei, vier Jahren, oder vielleicht in fünf Jahren, aber bestimmt nicht später, blühende Landschaften sein werden." (1990)

Wahr ist, daß Helmut Kohl, als er arglos die *blühenden Landschaften* vorhersagte, zuwenig wußte und darüber hinaus zu allem Überfluß auch noch von der Stasi gelinkt worden war. Zuversichtlich hatte er geglaubt, *mit dem Verkauf der einstigen „Volkseigenen Betriebe" durch die Treuhand die Schulden der DDR finanzieren zu können.*

Wie, fragt er sich in seinem Bestseller ICH WOLLTE DEUTSCHLANDS EINHEIT, konnte es zur *Fehleinschätzung* der wirtschaftlichen Leistungskraft der DDR kommen? Darauf antwortet er in seinem Bestseller so: „Es lag schlicht und einfach daran, daß wir zuwenig wußten. Auch die DDR-Forschung hatte uns nicht klüger gemacht. Was wir erfuhren, waren letztendlich Propagandalügen, die von Desinformationsspezialisten des Staatssicherheitsdienstes und der SED überaus geschickt verbreitet wurden. Alles in allem ist dem DDR-Regime so sicherlich eines der größten Täuschungsmanöver aller Zeiten gelungen."

Ein GRÖTAZ also!

Um das Lügen, finde ich, wird weltweit unverhältnismäßig viel Wind gemacht. Den Mitgliedern des britischen Unterhauses etwa ist es verboten, Mitglieder des britischen Unterhauses der Lüge zu zeihen oder sie gar ausdrücklich als *Lügner* zu bezeichnen. Im deutschen Parlament gelten solche Verbote nicht. Seit Bestehen des Bundestags notierten die Streitkultur-Statistiker 680 *parlamentarische Ordnungswidrigkeiten*, vor allem ausdrucksstarke Injurien und Kampfvokabeln.

Auf Platz 1 der Tabelle stehen unangefochten die *Lügner* und *Cheflügner* mit einer Häufigkeitspunktzahl von 63 vor den *Heuchlern* (44), den *Verleumdern* (24), den *Hetzern* (16), den *Arschlöchern* (9), den *Drecksäcken* (8) und den *Kriegstreibern* (7).

Daß die Lügner an der Spitze stehen, beweist nicht viel, jedenfalls nicht in einem Lande, in dem ein Buch nach dem anderen erscheint, dessen Autor erstaunlich glaubhaft versichert, daß es Scheußlichkeiten wie Auschwitz, Holocaust, Euthanasie und nazistischen Völkermord niemals gegeben habe.

Seien wir nachsichtig; was ist denn die Lüge anderes als ein Schutzwall gegen die Diktatur der groben Wahrheiten. Folgende Berufsgruppen sind angeblich besonders stark von Lügnern unterwandert: Verkäufer, Sprechstundenhilfen, Journalisten und Politiker. Um speziell unsere vielgeschmähten Politiker in Schutz zu nehmen, füge ich hinzu: *Das Arbeitsrecht* hält für sie wie für uns alle ein *Recht auf Lüge* bereit; das heißt: Stellt uns der Arbeitgeber beim Einstellungsgespräch oder im Personalfragebogen unzulässige Fragen, so sind uns *unwahre Antwort*en erlaubt, die keine *rechtlich wirksamen* negativen Folgen, die Entlassung etwa, nach sich ziehen dürfen. Daraus folgt, daß Politiker sogar im Vollrausch die Frage *Waren oder sind Sie Trinker?* wahrheitswidrig durchaus mit Nein beantworten dürfen, ohne daß ihre *Glaubwürdigkeit* bestritten werden kann.

*

In der Politik verliert, wer immerzu bloß die Wahrheit sagt, über kurz oder lang etwas sehr, sehr Kostbares – das Vertrauen seiner Parteifreunde. Frage: Läßt denn die freiheitlich-demokratische Grundordnung dem *politischen Verantwortungsträger* überhaupt die freie Wahl zwischen Wahrheit und Schutzbehauptung? Ich denke, nein. Sobald er die unbequeme Wahrheit sagt, *überläßt er den Wahlsieg dem lügnerischen Schönredner.*

Das kann keiner wollen! Jedenfalls keiner, der gewählt werden will. Apropos Wahlsieg, wenn ich's recht bedenke, ist es mittlerweile schnurzpiepe, wer gewählt wird, weil Deutschland sowieso von Banken geleitet wird und nur noch in Ausnahmefällen von Parlamenten und Regierungen. Obwohl die Herren der *politischen Klasse* ausnahmslos schöne, teure Anzüge tragen, obwohl keiner von ihnen obdachlos ist, obwohl jeder von ihnen erstklassig rasiert ist, obwohl die Mehrheit gemeinnützige Projekte sponsert und Alkoholiker in der Minderheit sind, beschleicht mich manchmal der Verdacht, sie seien asozial, und zwar im Endstadium.

* Im Jahre 1995 verspricht der Bundesbauminister dem minderbemittelten Mieter für das Jahr 1996 eine gesamtdeutsche *Wohngeldreform* in Gestalt einer Wohngeld*steigerung*. Im August verkündet er eine *Wohngeldangleichung* des Ostens an das niedrigere Westniveau, zu deutsch eine Wohngeld*senkung*.
* Der Bundesverteidigungsminister am 18. September 1995: „Es bleibt auf jeden Fall dabei, daß wir keine Bodentruppen nach Bosnien schicken." Folgerichtig fordert derselbe Bundesverteidigungsminister bereits am 28. August 1996 die Stationierung deutscher Kampfeinheiten in Bosnien.
* Auf die Senioren-Frage „Ist die Rente sicher?" antwortet der Bundesrentenminister in schöner Regelmäßigkeit: „Jawohl, die Renden sin sischä!" Die Antwort ist korrekt; denn unsicher ist ja nicht die Rente an und für sich, sondern nur ihre Höhe. Als Schrumpfrente wird sie schon überleben, auch wenn sie dann einer finanziellen Sterbehilfe zum Verwechseln ähnlich sieht.

Die Rahmenbedingungen

* Der Bundeskanzler im Februar 1996: Mehrwertsteuererhöhung mit mir nie und nimmer! Wenig später weiß der Bundeskanzler dann zwar schon, daß er die Mehrwertsteuer, wie versprochen, nicht erhöhen wird; er weiß bloß noch nicht genau, um wieviel Prozent er sie nicht erhöhen wird.

Auf die Frage der BILD-Zeitung „Wird das Jahr 1996 zu einem Jahr des Sozialabbaus?" antwortet Dr. Kohl erwartungsgemäß: „Das Gerede vom *Sozialabbau* ist reine Propaganda." Dies ist der Standpunkt des klugen Autofahrers, der sich sagt: Wenn die Sicht schlecht ist, fahre ich vorsichtshalber ein bißchen schneller, damit mir keiner hinten draufknallt!

Das organisierte Versprechen: Auch wenn die Balken sich noch so sehr biegen, formuliert Helmut Kohl, ohne rot zu werden, seine *sehr ehrgeizigen Ziele*, beispielsweise das edle potjomkinsche Ziel, die *Arbeitslosenzahlen* in Deutschland bis zum Jahr 2000 zu *halbieren*. Bei einem Besuch in Neuseeland präzisierte er: „Der Arbeitsmarkt wird in diesem Jahr sicher keine Trendwende bringen." Trotz alledem – an seinem Hobby, die Arbeitslosenzahlen bis zur nahen Jahrtausendwende zu halbieren, hält er eisern fest, nun erst recht.

Alle Jahre wieder verspricht er im Brustton der Überzeugung jedem Schulabgänger eine Lehrstelle, schließt dabei aber insgeheim nicht aus, daß die Schulabgänger demnächst unter Umgehung einer zeitraubenden Lehre direkt in den Vorruhestand übernommen werden.

Frage 1: Gibt es auf der ganzen Welt eine größere Verdrossenheit als die Realitätsverdrossenheit des Kanzlers und einen größeren Verlust als seinen Realitätsverlust?

Frage 2: Wäre Münchhausen, hätte er ein bißchen glaubwürdiger geflunkert, heute nicht der Lügen-, sondern der Glaubwürdigkeitsbaron?

Das Ozonloch über Bonn wird größer von Tag zu Tag. Unaufhörlich perlen im deutschen Luftraum schillernde Sprechblasen empor, getragen von einer Art Thermik, die den Rednern in gewaltigen Quantitäten rund um die Uhr zischend vorne und hinten, oben und unten entströmt.

Quo vadis, deutsche Sprache?

Ein unvergeßlicher Bundespräsident, der sich vor allem durch seinen sauerländischen Akzent auszeichnete, besuchte die einstige deutsche Kolonie Togo und fragte einen steinalten Herrn: Sprechen Sie denn auch noch ein kleines bißchen deutsch, guter Mann?

Oh, yes, sagte der Veteran, der sich an die Kommandos der kaiserlichen Schutztruppe durchaus noch erinnerte, zum Beispiel an den Befehl „Stillgestanden, schwarzes Schwein!"

Unser Vaterland ist eines der weltweit beliebtesten Vaterländer. Wie aber ist es um unsere Muttersprache bestellt? Leider hat das Deutsche trotz Luther, Mörike, und Reich-Ranicki nicht den besten Leumund. Bereits Karl V., Deutscher Kaiser von 1519 bis 1556, äußerte sich pointiert zu diesem Thema. Mit Gott, sagte er, spreche er spanisch wegen der Würde und Majestät des Spanischen; müßte er jemandem schmeicheln, komme allein das Französische in Frage; müßte er jemanden zur Sau machen, spreche er deutsch, weil *die Sprache der Deutschen ganz und gar drohend, barsch und heftig* sei.

Dieser jahrhundertealte miese Ruf ist der tiefere Grund für den *Reformbedarf* unserer Muttersprache. Insgeheim beneiden wir den Franzmann um sein Parlewu-Idiom und seine welsche Lockerheit: kommßi-kommßa, ßawoarwiwre, lieber lesbisch überm Eßtisch als hektisch überm Ecktisch, und dann in aller Ruhe die Zigarette danach ...

Pro forma gehört das Deutsche zwar zu den Arbeitssprachen der Europäischen Gemeinschaft, in der behördlichen Praxis aber rangiert es auf dem undankbaren dritten Platz – unter ferner liefen hinter dem Englischen und dem Französischen.

Deutsche Eurokraten, die das Wort *polyglott* vorsichtshalber für eine schlimme Ferkelei halten, sind wohl oder übel auf PC-Übersetzungsprogramme angewiesen, die ständig entweder in Sarkasmen oder in unangenehme Wahrheiten oder in beides abgleiten. Das *Programm T1* eines großen deutschen Herstellers beispielsweise übersetzte den Artikel 1 der UN-Menschenrechtsdeklaration („All human beings are born free.") folgendermaßen: „Alle Menschen sind umsonst geboren."

Die unzureichende Integration des Deutschen in den europäischen Sprach- und Wirtschaftsraum könnte böse Folgen haben für seine optimale Vermarktung. Wie Martin van der Veer, der Berliner Experte für Verbalmarketing, mitteilt, beabsichtigt der Bundesfinanzminister, die deutsche Sprache zügig zu privatisieren und mit der neuzuschaffenden Aktiengesellschaft (Deutsche Sprache AG) nach dem Modell der Deutschen Telekom an die Börse zu gehen.

Die Deutsche Sprache AG wird vom Gesetzgeber ermächtigt, Lizenzen für die Benutzung der deutschen Sprache zu vergeben, wobei für den privaten Sprachnutzer 40 Wörter pro Tag gebührenfrei bleiben. Im gewerblichen Bereich ist der Freibetrag auf 60 Wörter/Tag festgesetzt worden, in der kommerziellen Produktwerbung auf 1000 Wörter/Tag. Für die User aus der Werbebranche, soviel steht fest, bleibt die deutsche Sprache zu 100 Prozent gebührenfrei.

Lizenzen für weitere Rechtschreibreformen werden

großzügig erteilt, auf Wunsch auch telefonisch. Ich selbst habe bereits eine solche Reform-Lizenz erworben und mir in der Deutschen Kultusministerkonferenz sowie beim Mannheimer Duden-Verlag längst eine mächtige Lobby geschaffen. In bewußtem Gegensatz zur *gemäßigten Kleinschreibung* plädiere ich für die *MAßLOSE GROßSCHREIBUNG*.

Von diesem sieghaften Reformkonzept wird mich auch die Drohung mit einer Autorität wie Konrad Duden nicht abbringen. Konrad Duden hat es nie gegeben! Das ist heute noch viel zuwenig bekannt. Gegeben hat es lediglich ein paar wildgewordene Sprachterroristen, die sich „Gruppe 32. Mai" nennen wollten; erst als sich zu ihrer Überraschung herausstellte, daß es in ganz Deutschland einen 32. Mai gar nicht gibt, nannten sie sich wohl oder übel „Konrad Duden".

MAßLOSE GROßSCHREIBUNG

Die Regeln:
Das Regularium der *MAßLOSEN GROßSCHREIBUNG* ist beispielhaft schlicht, übersichtlich und einprägsam.

* Im Satz wird jeder Wortanfang groß, d. h. in VERSALIEN, geschrieben; einzig das erste Wort des Satzes, d. h. der Satzanfang, klein.

* Das **S** wird abgeschafft. Anstelle des **S** schreiben wir konsequent **ß**. Das **ß** wird im Interesse der Reform in den Status eines Großbuchstaben erhoben.

* Das **I** wird abgeschafft. Anstelle des **I** schreiben wir konsequent **J**.

* Das **Ü** wird abgeschafft. Anstelle des **Ü** schreiben wir konsequent **Y**.

* Das **U** wird abgeschafft. Anstelle des **U** schreiben wir – Sie ahnen es – ein **X**.

BEISPIEL
jn Einer Großdextßchen Klejnßtadt ßtand Eß An Der Wand, Xnd Zwar Jn Großbuchßtaben:
NEGER RAXß AXß XNßER LAND!
pejnljch!
djeßer ßatz Jßt Yberaxß Fehlerhaft Xnd Kann ßo Njcht ßtehenblejben. erßtenß Fehlt Ejn Komma, Zwejtenß Ejn Axßrxfezejchen, Xnd Drjttenß Kränkt Eß Njcht Nxr Jeden Dextßchlehrer, ßondern Axch ßejne Gattjn, Daß Der Axtor Bej Aller Berechtjgxng ßejneß Anljegenß, den Akkxßatjv in Ybelßter Wejße Dem Datjve vorzjeht. typjßch! yberhaxpt Beßtätjt ßjch, Waß Der Volkßmxnd ßejt Langem Yberzexgend Behaxptet: an Allem Kann Man ßjch Gewöhnen, Bloß Am Datjv Njcht! korrekt Mxß Eß Natyrljch, Der Wyrde Deß Menßchen Entßprechend, Hejßen:
NEGER, RAXß AUß XNßEREM LANDE!

180

ANHANG

Deutsche Texte der Jahrtausendwende

Hymne des Volkswagenwerks:
1. Strophe

Komm, schau dich um, die Welt ist groß.
Gib mir die Hand, wir legen los!
Es wird Kraft für neue Ziele frei,
du und ich, wir sind dabei!

Wir wolln ein tolles Auto bauen,
die ganze Welt wird auf uns schauen,
und bei jedem Auto, das entsteht,
sorgen wir für Qualiät:

Refrain
Du und ich, wir bauen den „A3"!
Der neue Golf, wir sind von Anfang an dabei!
Du und ich, wir wissen, worum es geht!
Du und ich, wir sorgen für die Qualität!

2. Strophe

Komm! Mach doch mit, es kommt auf jeden an,
auf jede Frau, auf jeden Mann.
Denn auch du, du hast Ideen,
und nur gemeinsam kann es gehn!

Ob im Büro oder am Band,
bei uns geht alles Hand in Hand.
Auch wenn der Wind von vorne weht,
wir sorgen für die Qualität!

Refrain

3. Strophe

Wir sind ein Team, wir haben Spaß,
wir haben Zukunft, geben Gas.
Wir zeigen allen, wie es geht,
wir sorgen für die Qualität.

Du und ich, wir bauen den „A3"!
Der neue Golf, wir sind von Anfang an dabei!
Du und ich, wir wissen, worum es geht!
Du und ich, wir bauen den „A3"!

Maurer Mike: <u>Ich werde Porno-Star!</u>

Er ist seit 12 Jahren glücklich verheiratet, hat zwei Söhne (8, 10) – und will Porno-Star werden. Maurer Mike Schönherr (32) aus Ehrenfriedersdorf.

„Ich habe gelesen, daß man dabei 1000 Mark am Tag verdient", sagt er. „Dafür muß ich sonst zwei Wochen arbeiten." Er gibt aber auch zu: **„Mich reizen die Darstellerinnen."** Seine **Traum-Partnerin** wäre die englische Sex-Darstellerin Sarah Young. „Aber auch Dolly Buster ist Spitzenklasse!"

Ehefrau Carola (31) ist einverstanden: „Wenn er denn unbedingt will. Sex ist Mike sehr wichtig. **Das Geld kommt der ganzen Familie zugute.**"

Außerdem hat er ihr versprochen: „Bei den Porno-Frauen geht es nur um Geld und Sex. **Du bleibst natürlich die einzige, die ich liebe.**" Nach eigenen Aussagen beweist er ihr das mit nächtelangen Sex-Spielen. Der Hobby-Sportler (1,80 m groß, grüne Augen): „Dreimal Sex hintereinander – das ist kein Problem."

Bei einer Dessous-Modenschau hat er schon einmal gestrippt: „Das hat mir viel Freude gemacht!" **Doch dieser 1. Auftritt war kostenlos.** Jetzt hofft der potente Familienvater auf hohe Gagen.

* Namen geändert
BILD, 1995

ANZEIGE Psyche & Gesundheit

Krank vor lauter Sorgen?
Das Lebensgefühl in den Neuen Bundesländern wird in zunehmendem Maße von negativen Empfindungen geprägt. Dieses bedrückende Bild zeichnet eine Umfrage, die kürzlich in Dresden veröffentlicht wurde. So blicken rund 20 Prozent der Bevölkerung in Ostdeutschland mit bangen Erwartungen in die Zukunft, fast doppelt soviele wie in den alten Bundesländern. Besonders oft sind es wirtschaftliche und berufliche Perspektiven, die zu heftigen Befürchtungen Anlaß geben. Eine große Zahl von Menschen leidet zudem darunter, daß im schnellen Lauf der letzten Jahre auch manches Gute und Bewährte auf der Strecke geblieben ist. Birgit T. aus Chemnitz: „Früher waren hier die meisten Menschen im Umgang miteinander freundlicher, rücksichtsvoller und hilfsbereiter. Davon ist sehr viel kaputt gegangen. Und ich fürchte mich davor, daß es noch schlimmer wird." Besonders häufig kommt es zu psychovegetativen Störungen; zu den meistbeobachteten Beschwerden gehören Kopfdruck, Magenprobleme, nervöse Unruhe oder Mißempfindungen am Herzen.
Empfehlenswert ist die Einnahme eines hochwertigen Johanniskraut-Medikaments: Kira! So verspürt man neue Kraft, schwierigen Lebenssituationen selbstbewußter und befreiter gegenüberzutreten. Kira gibt es rezeptfrei in Apotheken.
Kira. Johanniskraut-Dragees zur Behandlung von psychovegetativen Störungen. Lichtwer Pharma GmbH 13435 Berlin

SUPER-ILLU, 1996

Ein Liebeslied für Steffi Graf

In jedem Endspiel kann man sie sehn,
der Sieg scheint gewiß, wer kann ihr widerstehn.
Wenn der Wind ihr blondes Haar zerzaust,
und wenn der harte Aufschlag kommt,
und die Gegnerin hat keine Chance zum Return,
Miss Graf leeds six games to love.
Ich mag Steffi Graf,
ich mag Steffi Graf,
ich mag die Steffi.

Tennis vom anderen Stern,
schon allein, wie sie die Vorhand schlägt
longline und cross –
das ist schöner als Musik.
Ich hab unsere Steffi lieb.
Oh, ich glaub an dich,
ich brauch keinen Boris und auch keinen Stich.
Du spuckst nie auf den Court,
und du schimpfst nicht rum,
verlierst nie dein Gesicht,
und wenn dann der erste Matchball kommt,
und du siegst mit 'nem Rückhand-Slice Return,
egal welcher Belag!
Ich mag Steffi Graf,
ich mag Steffi Graf,
ich mag die Steffi.

Guildo Horn und die orthopädischen Strümpfe, 1996

Rudolf Scharping, 48, SPD-Fraktionsvorsitzender

Herr Scharping, tut es Ihnen gut, daß weniger Rummel um Ihre Person gemacht wird, seit Sie nicht mehr Parteivorsitzender sind?

Rummel? Na gut, ich konzentriere mich auf die Arbeit als Fraktionsvorsitzender und habe gelernt, nicht mehr zuviel auf einmal zu wollen.

Früher hat man Ihnen vorgeworfen, Sie hätten zu wenig Charisma. Seit Sie keinen Bart mehr tragen, ist das alte Image wie weggeweht.

Vor allem ist die innere Waage wieder im Lot. Manchmal kommt mir „Image" ohnehin vor wie die Verständigung auf gemeinsame Vorurteile über Menschen.

Nicht nur der Bart ist ab. Sie haben auch eine neue Brille, und die Anzüge sind bunter. War das Kalkül?

Nein. Aber während des Wahlkampfs vor zwei Jahren berieten mich Werber, Photographen und Journalisten. Da entstanden dann Photos: Scharping in Jeans und dunkelblauem Seemannspullover. Die haben mir gut gefallen. So laufe ich ja oft in der Freizeit herum. Da hieß es gleich, das ist der neue Scharping, er sieht aus wie Kennedy. Und das bei meinem schütteren Haupthaar!

Ein Journalist hatte vorgeschlagen, Ihren Bart öffentlich abzuschneiden und zu versteigern. Warum haben Sie das nicht getan?

Klamauk wäre das geworden. Außerdem waren die Plakate schon gedruckt.

DIE ZEIT / Magazin, 1996

Bessi muß nach Biß ins Minister-Knie hinter Gitter
Uckermärker Hund fällt Bundesumweltministerin beim
Radfahren an – Tierarzt: keine Gefahr

Uckermark. Schmerzliche Erinnerungen wird Umweltministerin Angela Merkel an ihren diesjährigen Sommer-
urlaub zurückbehalten. Bei einem Ausflug im Landkreis
Uckermark ist sie am Mittwochabend von einem Hund
angefallen und gebissen worden.
Nach Angaben des Polizeipräsidiums Eberswalde befand
sich die Ministerin auf einer Radtour. Als sie an einem Ein-
familienhaus vorbeifuhr, kam durch ein offenstehendes
Gartentor ein Hund gelaufen und biß die Radlerin ins Knie.
Angela Merkel zog sich eine zirka zwei Zentimeter tiefe
und ebenso lange Wunde zu, die ambulant in einem Kran-
kenhaus behandelt wurde. Die Hündin, ein Deutsch-Kurz-
haar, ist von einem Tierarzt untersucht worden. Die
Umweltministerin erstattete jetzt Anzeige gegen den Hun-
debesitzer wegen Körperverletzung.
Ein Veterinärmediziner bestätigte inzwischen, daß von dem
Tier keine Gefahr ausgehe, da es geimpft sei. Trotzdem
muß die fünf Jahre alte Hundedame Bessi für die nächsten
vierzehn Tage in ihrem Zwinger bleiben. „Bessi hat noch
nie jemandem etwas getan. Sie ist sogar bei der Jagdhund-
prüfung durchgefallen, weil sie nicht scharf genug ist",
berichtet Andrea Desenick, die Tochter des Hundebesitzers,
während sie den Hund durch das Gitter streichelt. Auch der
Besitzer des Hundes hat dazu keine andere Meinung. „Es
kommen so viele Radfahrer hier vorbei", erklärt Reiner
Desenick, „und nie hat der Hund darauf reagiert, geschwei-
ge denn jemanden gebissen ..."
Uckermark Kurier, 1995

187

Wie wird man zum Pfeifenraucher? Am Geschmack auf der Zunge liegt es durchaus nicht, hat *Dieter Schulte*, der Vorsitzende des Deutschen Gewerkschaftsbundes, vor kurzem erklärt. Er selbst habe mit dem Pfeiferauchen deshalb angefangen, weil er „vor fünfzehn Jahren mit seiner Firma Thyssen vier Rauchpausen ausgehandelt hatte – und eine Pfeife nun mal viel länger brennt als eine Zigarette." Auf diese Weise, sagt Schulte nicht ohne spürbare Genugtuung, „habe ich mich gerächt am Kapital".

Frankfurter Allgemeine / Magazin, 1997

Wie unsere Zeitung gestern berichtete, stürmte das Sondereinsatzkommando (SEK) bei der Festnahmeaktion in Grevesmühlen versehentlich in zwei Wohnungen Unbeteiligter. So lag eine Mieterin gerade auf dem Wohnzimmersofa, als kurz nach 1.00 Uhr ihr Schrank umstürzte und vermummte Männer in voller SEK-Montur zum Vorschein kamen. Die Beamten hatten ausgerechnet eine Tür eingetreten, die sich hinter dem Schrank befand und schon seit langem nicht mehr von den Mietern genutzt wurde. Das war bereits der zweite Irrtum. Zuvor hatte das Spezialkommando eine Tür bei der Nachbarfamilie aufgebrochen und schon dort vergeblich nach dem Tatverdächtigen gesucht. Erst in der dritten Wohnung gelang die Festnahme. Nach Auskunft aus dem Landeskriminalamt (LKA) stand das Kommando unter Zeitdruck.

Schweriner Volkszeitung, 1996

„WIR SIND GEWALTBEREIT"
Mitglieder einer rechten Jugendclique über ihr provokantes Auftreten

A: Wir sind nicht gewalttätig.

B: Wir sind gewaltbereit.

C: Wenn man jetzt zugequatscht wird, wenn so rumdiskutiert wird und wenn man dann nicht weiterkommt, dann haut man einfach zu.

SPIEGEL: Also seid ihr doch gewalttätig?

C: Nein, die Leute haben ja selber schuld. Warum quatschen die uns denn zu? Die wissen ja, daß wir gewaltbereit sind. Ich quatsch doch auch nicht jeden zu. Der kann doch weitergehn. Wenn der auf mich zukommt, und ich sag, sei mal ruhig hier, hau ab, und der tut das nicht, dann setzt es was. Wenn der immer weitermacht, dann ist der selber schuld.

A: Wenn der mich vollabert und irgendwelche dummen Sprüche sülzt!

C: Das ist ganz einfach. Da kommt irgend jemand her und labert nur Scheiße, und man sagt schon dreimal, der soll endlich abhauen, und schubst ihn richtig weg, daß er weggehen soll, und der geht immer noch nicht weg, dann kriegt er'n paar rein, um zu zeigen, wohin der Hase läuft. Das ist ganz einfach.

A: Und danach is okay.

C: Wenn man fünfmal sagt, derjenige soll sich verpissen, und man schubst ihn schon und sagt, hier geh weg, weil man nichts mit dem zu tun haben will.

D: Der wird ja nicht gleich zusammengehauen. Es gibt einen Unterschied zwischen jemandem in die Fresse hauen oder jemanden zusammenschlagen. Ich hau ihm in die Fresse und laß ihn da liegen mit seiner blutenden Nase, oder ob ich ihn, am Boden liegend, noch zusammentrete. Das ist Zusammenschlagen.

B: Gewaltbereitschaft ist, wenn ich irgendwo hingehe und ich werde zugequatscht, und ich sag zu dem, verpiß dich, sonst hau ich dir eins aufs Maul. Und er quatscht weiter, und dann hau ich ihm eins aufs Maul, das ist für mich Gewaltbereitschaft. Wenn ich aber auf eine Party gehe und schnapp mir den Nächstbesten und hau dem eins aufs Maul, dann bin ich gewalttätig.

D: Gewaltbereitschaft hat was zu tun mit sich wehren.

SPIEGEL: Wieso müßt ihr euch denn dauernd wehren?

D: Weil wir dauernd angequatscht werden, aufgrund unseres Aussehens.

SPIEGEL: Was glaubt ihr eigentlich, was passieren würde, wenn alle so reagieren würden?

D: Dann wär Krieg. *(Gelächter)*

Der Spiegel, 1996

Mein Großvater hat noch einen Wunsch. Noch einmal möchte er deutsche Jungens marschieren sehen, falls möglich zum Westerwald. Welche Musikkapelle, Einzelpersonen oder Gruppen gehen – in Vorpommern – für meinen Großvater ca. eine Stunde im Gleichschritt? Bezahlung für diesen Dienst erfolgt in Bratwurst und ehrlicher Freude eines hochdekorierten Soldaten der 6. Armee. Dringend!! Chiffre: westerwald

Junge Freiheit, 1996

Eröffnung eines Faschingsfestes

Liebe Närrinnen und Narren!
Herzlich willkommen und vielmals Helau! Zur Eröffnung eines lustigen Faschingsballs eine Rede halten zu müssen, ist schon an und für sich ein närrisches Unterfangen. Im Fasching stellen wir die Welt auf den Kopf, liebe Närrinnen und Narren. Je weiter wir uns von unserer Alltagsrolle entfernen können – desto wohler werden Sie sich heute Abend fühlen. Und schauen wir uns doch einmal in diesem herrlich geschmückten Saal um, den so viele fleißige Hände zu einem bunten Urwaldparadies gemacht haben:
Was sehe ich? Ich sehe einen braven Truppenverwaltungsbeamten als wilden Scheich, zu allem entschlossen. Ich sehe die fleißige Schreibkraft im Gewand einer garstigen Hexe – heute kann sie es ihrem Chef endlich einmal heimzahlen. So mancher Vorgesetzte schwingt erwartungsfroh das Lasso des Cowboys – da müßte sich doch eine Schöne einfangen lassen.
Freunde, ihr seht alle aus wie aus dem Völkerkundemuseum. Den Negerköpfen nach zu urteilen, ist unser Ball in die Entwicklungshilfe für unterentwickelte Länder geraten. Auch die Chinesen sind in großen Scharen hier eingefallen. Und ich kann mich des Gefühls nicht erwehren, daß die hübschen Hawaiimädchen dort hinten schon erstaunlich gut deutsch sprechen. Die schöne Prinzessin aus dem Morgenland hätte sich allerdings besser rasieren sollen – und ihre Kurven scheinen mir auch nicht ganz echt zu sein. Aber was soll's, liebe Freunde des Faschings? Das alles schert uns heute Abend nicht die Bohne. Wir sind aus dem

191

Fenster des alltäglichen Einerleis herausgesprungen. Wir haben unserem Humor die Zügel freigegeben und die ganze spaßige Welt in diesen Saal geholt.

Chinesen, Neger, Spanier, Cowboys, Nachtwächter und andere Mitspieler! Haltet euch wacker im Kampf gegen den grauen Alltag. Offene Türen für den Spaß! Hinein ins Vergnügen!

Rhetorik-Handbuch mit Musterreden für alle dienstlichen Anlässe in der Bundeswehr, WEKA Fachverlage